"十四五"职业教育国家规划教材

汽车机械制图
（第 2 版）

主　编　陈志荣　谷平东
副主编　杨登辉

北京理工大学出版社
BEIJING INSTITUTE OF TECHNOLOGY PRESS

内 容 提 要

本书根据行业实际，对标国家发展战略，以培养学生主人翁意识，树立爱国情怀、民族自豪感，引导学生对国家制造装备、智能制造政策、核心价值观的认同为目标，系统讲解汽车维修及相近专业学生必须掌握的制图基本理论知识、识图和绘图技巧等内容，本教材内容具体包括：制图基本知识、几何作图、投影作图、立体表面交线、组合体、机件的表达方法、标准件与常用件、表面结构与公差、零件图和装配图。每章节均附有相应练习题以供学生练习使用，从而加深学生对制图知识的理解，拓展并提高学生的绘图技能。

本教材取材于生产实践和教学环节，突出职业教育的特点，内容与专业课联系密切，除注重基础理论知识之外，在结构和形式上力求符合职业教育教学的需要。内容选取上由浅入深、由难到易、通俗易懂、图文并茂，力求做到"有用、实用、够用"。本教材可作为职业院校交通类专业的专业理论教材。

版权专有　侵权必究

图书在版编目(CIP)数据

汽车机械制图 / 陈志荣, 谷平东主编. -- 2版. -- 北京 : 北京理工大学出版社, 2019.10 (2024.1重印)
ISBN 978-7-5682-7728-0

Ⅰ.①汽… Ⅱ.①陈… ②谷… Ⅲ.①汽车-机械制图-中等专业学校-教材 Ⅳ.①U462.1

中国版本图书馆 CIP 数据核字（2019）第 243013 号

责任编辑：陆世立		**文案编辑**：陆世立	
责任校对：周瑞红		**责任印制**：边心超	

出版发行 / 北京理工大学出版社有限责任公司
社　　址 / 北京市丰台区四合庄路 6 号
邮　　编 / 100070
电　　话 /（010）68914026（教材售后服务热线）
　　　　　　（010）68944437（课件资源服务热线）
网　　址 / http://www.bitpress.com.cn

版 印 次 / 2024 年 1 月第 2 版第 7 次印刷
印　　刷 / 定州市新华印刷有限公司
开　　本 / 787 mm × 1092 mm　1/16
印　　张 / 12
字　　数 / 246 千字
定　　价 / 36.00 元

图书出现印装质量问题，请拨打售后服务热线，负责调换

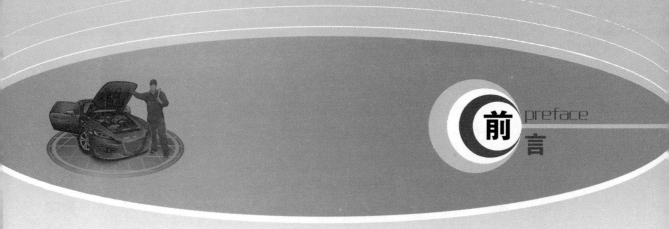

前言 preface

党的二十大报告提出:"教育是国之大计、党之大计。培养什么人、怎样培养人、为谁培养人是教育的根本问题。""培养造就大批德才兼备的高素质人才,是国家和民族长远发展大计。"汽车机械制图作为汽车制造、汽车维修技术人员必须掌握的技术语言,是汽车类专业的一门专业基础课程。学生制图和识图能力的高低关系到后续专业课程的学习效果以及综合技能的提高。

"功以才成,业由才广。"汽车制造业要发展,人才是关键。努力培养造就更多大国工匠、高技能人才,是先进汽车制造业实现技术创新和技术升级的迫切要求,而技工教育则担负着培养高技能人才的根本任务。

本书自 2011 年出版以来,深受市场认可,为适应教学改革发展,组织广东省机械技师学院几名专业教师,经过反复研讨,重新修订此教材。

本书在修订过程中,以"有用、实用、够用"为原则,突出对学生绘图与读图能力的培养。本书的重点在于循序渐进的原则,以训练实例,强化识图和绘图能力的训练;强调徒手绘制草图的基本功训练,使学生掌握机械图样的绘制和阅读的基本方法;生产联系实际,突出第三角画法的应用,使学生毕业到工作岗位后能顺利和企业实现"无缝对接"。

本书取材于生产实践和教学环节,突出职业教育的特点,内容与专业课联系密切,除注重基础理论知识之外,在结构和形式上力求符合职业教育教学的需要。内容选取上由浅入深、由难到易、通俗易懂、图文并茂,力求学生能理解、会运用。

本书共十个模块,主要内容如下:

模块一:制图基本知识。介绍与制图相关的基础知识、相关的国家标准以及尺寸标注的基本规定。

模块二:几何作图。介绍绘图工具及其使用、几何作图常用方法、平面图形的画法以及徒手画图的方法。

模块三：投影作图。介绍点、线、面的投影规律以及三视图和轴侧图的画法。

模块四：立体表面的交线。介绍截交线、相贯线的画法。

模块五：组合体。介绍组合体的组合形式、组合体的尺寸标注、看组合体视图及其画法。

模块六：机件的表达方法。介绍各种剖视图的画法。

模块七：标准件与常用件。介绍螺纹、螺纹连接、齿轮、键连接、轴承和弹簧的规定画法。

模块八：表面结构和公差。介绍零件的配合性质、几何公差的标注。

模块九：零件图。介绍零件图的视图选择、零件图的尺寸标注和零件图的测绘方法。

模块十：装配图。介绍装配图的绘制方法和表达技巧。

本书由广东省机械技师学院陈志荣、谷平东任主编，世界技能大赛金牌获得者杨登辉任副主编，具体分工如下：模块一、模块三、模块四、模块八由陈志荣编写，模块二、模块五、模块六、模块七由广东省机械技师学院谷平东编写，模块九、模块十由杨登辉编写。

本书配套有习题集，收集了类型多样、内涵丰富的练习题，以便学生在课后练习和思考。

由于时间仓促，加之作者知识水平有限，书中难免有错漏之处，期待广大读者批评指正，以便下次修订时改正。

编　者

目录 contents

模块一　制图基本知识……………………………………1
　　项目一　机械制图的基本规定…………………………1
　　项目二　尺寸标注的基本规定…………………………7

模块二　几何作图……………………………………13
　　项目一　绘图工具及其使用……………………………13
　　项目二　几何作图常用方法……………………………17
　　项目三　平面图形的画法………………………………23
　　项目四　徒手画图的方法………………………………27

模块三　投影作图……………………………………30
　　项目一　投影法的基本概念……………………………30
　　项目二　三视图…………………………………………32
　　项目三　点的投影………………………………………37
　　项目四　直线的投影……………………………………41
　　项目五　平面的投影……………………………………45
　　项目六　基本几何体的三视图…………………………48
　　项目七　轴测图…………………………………………58

模块四　立体表面的交线……………………………61
　　项目一　截交线…………………………………………61

目录

项目二　相贯线……68

模块五　组合体……72
项目一　组合体的组合形式……72
项目二　组合体的尺寸标注……75
项目三　看组合体视图及其画法……78

模块六　机件的表达方法……85
项目一　视图……85
项目二　剖视图……89
项目三　断面图……96
项目四　局部放大图……100

模块七　标准件与常用件……101
项目一　螺纹……101
项目二　螺纹紧固件及其连接……106
项目三　齿轮……112
项目四　键连接、销连接……116
项目五　滚动轴承……119
项目六　弹簧……123

模块八　表面结构与公差……126
项目一　表面结构……126
项目二　极限与配合……132
项目三　几何公差……139
项目四　零件上常见的工艺结构……143

模块九　零件图……147
项目一　零件图的视图选择……148

项目二　零件图的尺寸标注 …………………………150

　　项目三　读零件图及零件测绘 ……………………154

模块十　装配图 …………………………………………163

　　项目一　装配图及其表达方法 ……………………163

　　项目二　部件测绘和装配图画法 …………………169

　　项目三　读装配图与拆画零件图 …………………176

参考文献 …………………………………………………183

制图基本知识

项目一 机械制图的基本规定

一、机械制图及其重要性

在工程建设活动中,人们通过图样来表达设计思想、制造要求、交流技术思想,所以,图样就是一种工程语言。

什么是图样?图样不是随心所欲的绘画,而是按照有关标准或规定准确地表达物体的形状、尺寸及其技术要求的图,称为图样。

自古以来,图样都是手工绘制的。但随着计算机技术的飞速发展,计算机绘图得到了广泛应用,所以在学习机械制图的同时,还必须努力学好计算机绘图。

二、机械制图基本规定

国家标准《技术制图》与《机械制图》对图样的画法和尺寸注法等有关内容都作了统一的规定,它们不仅是图样绘制与使用的准绳,也是制图教学的根本依据,因此,我们必须严格遵守。

1. 图纸幅面和格式

(1)图纸幅面 图纸幅面是指绘制图样所采用的图纸规格大小。GB/T 14689—2008 规定,绘制图样时,应优先采用表 1-1 所规定的幅面尺寸。

表 1-1 图纸幅面尺寸

幅面代号		A0	A1	A2	A3	A4
尺寸 $B\times L$		841×1189	594×841	420×594	297×420	210×297
图框	a	25				
	c	10			5	
	e	20		10		

A0 的幅面最大，宽(B)：长(L)＝841：1189＝1：$\sqrt{2}$，面积约为 1 m²，A1 的幅面为 A0 的一半，其余以此类推。

若表 1-1 中的基本幅面不能满足要求时，允许按基本幅面的短边成整数倍增加，如图 1-1 所示。

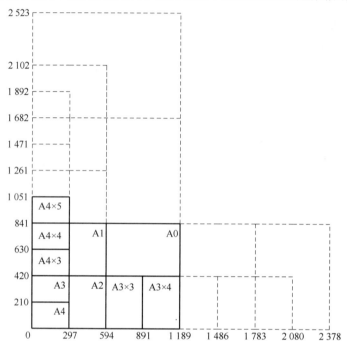

图 1-1　图纸幅面尺寸

（2）图框格式　在图纸上必须用粗实线画出图框，其格式分为留装订边（图 1-2）和不留装订边（图 1-3）两种。一般情况下，A3 应横放，如图 1-3（a）所示。A4 应竖放，如图 1-3（b）所示。图框尺寸如表 1-1 所列。同一产品的所有图样必须采用同一种图框格式。

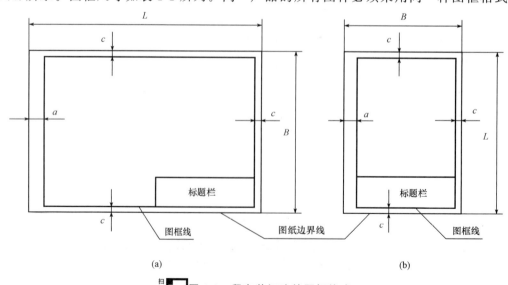

图 1-2　留有装订边的图框格式

（3）标题栏　每张图纸的右下角都必须有标题栏。GB/T 10609.1—2008 规定的标题栏格式如图 1-4 所示。学生作业手工绘图过程中也可选用图 1-5 所示的标题栏。

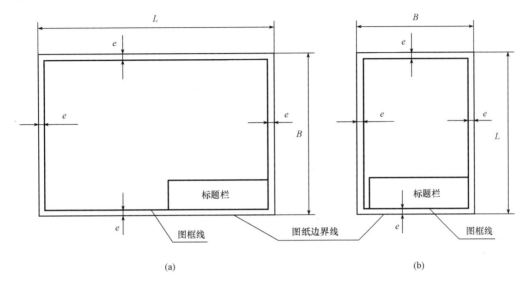

图 1-3　不留装订边的图框格式

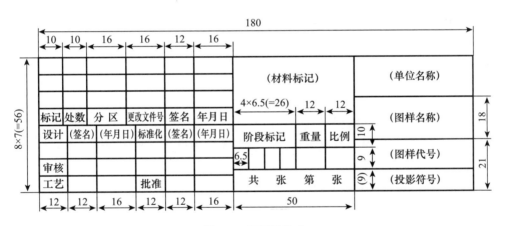

图 1-4　标题栏格式

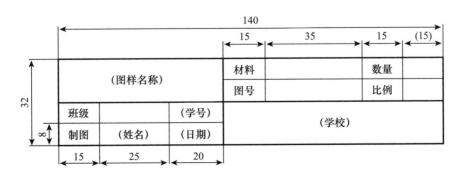

图 1-5　学生作业手工绘图用标题栏

模块一 制图基本知识

2. 比例

图形与其实物相应要素的线性尺寸之比称为比例。图形不论放大或缩小，其尺寸都必须按机件的实际尺寸标注。GB/T 14690—1993 规定的比例系列，见表 1-2。

表 1-2 比例系列

种类	比例	
	第一系列	第二系列
原值比例	1∶1	
缩小比例	1∶2 1∶5 1∶10^n 1∶2×10^n 1∶5×10^n	1∶1.5 1∶2.5 1∶3 1∶4 1∶6 1∶1.5×10^n 1∶2.5×10^n 1∶3×10^n 1∶4×10^n 1∶6×10^n
放大比例	2∶1 5∶1 1×10^n∶1 2×10^n∶1 5×10^n∶1	2.5∶1 2.5×10^n∶1 4×10^n∶1

3. 字体

GB/T 14691—1993 规定，图样上和技术文件中所用的汉字应写成长仿宋体。字体高度(用 h 表示)代表字体的号数。字高常用 5 mm，不应小于 3.5 mm。字宽一般为 $h/\sqrt{2}$(或 0.71h)。

公称尺寸系列为：1.8，2.5，3.5，5，7，10，14，20 mm。其他字号按 $\sqrt{2}$ 倍增减。

字母和数字可以写成直体和斜体。斜体字的字头向右倾斜，与水平基准线成 75°。例如：*ABCDEFGHIJKLMNOPQRSTUVWXYZ*

4. 图线

国家标准(GB/T 17450—1998、GB/T 4457.4—2002)规定了图线的名称、型式、代号、宽度以及在图上的应用。机械图样中常用线型的名称、型式等见表 1-3。图线应用示例如图 1-6 所示。

表 1-3 图线

图线名称	图线型式及代号	图线宽度	应用举例
粗实线	———————	d	可见轮廓线、棱边线
细实线	———————	$d/2$	尺寸线、尺寸界线、剖面线、过渡线
细虚线	- - - - - - -	$d/2$	不可见轮廓线、棱边线
细点画线	— · — · — · —	$d/2$	轴线 对称中心线
波浪线	～～～～	$d/2$	断裂处的边界线 视图与剖视图的分界线

续表

图线名称	图线型式及代号	图线宽度	应用举例
双折线	∿∿	$d/2$	断裂处的边界线 视图与剖视图的分界线
细双点画线	— ·· — ·· —	$d/2$	相邻辅助零件的轮廓线 极限位置的轮廓线、轨迹线

(1)图线宽度 图线分粗和细两种,其宽度比率为 2∶1。图线的宽度系列为 0.13,0.18, 0.25,0.35,0.5,0.7,1,1.4,2mm。手工绘图时,粗实线的宽度通常为 0.5～1mm。

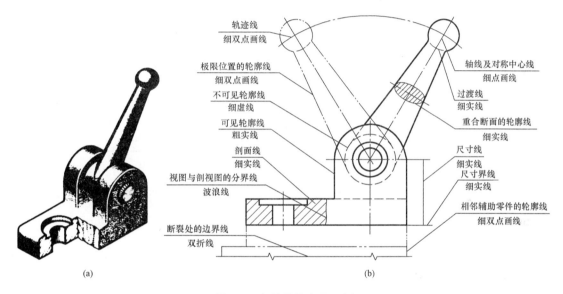

图 1-6 各种图线应用示例

(a)轴测图 (b)投影图

(2)图线画法

①同一图样中,同类图线的宽度应基本一致。

②图线的平行、相交画法见表 1-4。

表 1-4 图线的画法

要求	图例	
	正确	错误
为保证图样的清晰度,两条平行线之间的最小间隙不得小于 0.7mm	(平行线间隙 ≥0.7)	(平行线紧贴)

续表

要 求	图 例	
	正 确	错 误
细点画线、细双点画线的首末两端应是画线,而不应是点		
各种线型相交时,都应以画线相交,而不应该是点或间隔		
各种线型应恰当地相交于画线处: ——通过图线起始于相交处; ——画线形成完全的相交; ——画线形成部分的相交		
细虚线直线在粗实线的延长线上相接时,细虚线应留出间隔; 细虚线圆弧与粗实线相切时,细虚线圆弧应留出间隔		
画圆的中心线时,圆心应是画的交点,细点画线的两端应超出轮廓线2~5mm; 当圆的图形较小时,允许用细实线代替细点画线		

③当有两种或更多种的图线重合时，通常应按照图线所表达对象的重要程度，优先选择绘制顺序：

可见轮廓线(粗实线)→不可见轮廓线(细虚线)→尺寸线→各种用途的细实线→轴线和对称线(中心线)→假想线。

项目二　尺寸标注的基本规定

尺寸是图样中的重要内容之一，这一节主要介绍国家标准 GB/T 4458.4—2003《机械制图　尺寸注法》中常见尺寸注法的基本内容。

一、基本规则

①机件的真实大小以图样上所标注的尺寸数值为依据，与图形的大小及绘图的准确度无关。

②图样中所标注的尺寸，为该图样所示机件的最后完工尺寸，否则应另加说明。

③图样中的尺寸以毫米为单位时，不需标注其计量单位的代号或名称。如采用其他单位，则必须注明相应的计量单位代号或名称。

④机件的每一尺寸，在图样上一般只标注一次，并应标注在反映该结构最清晰的图形上。

二、尺寸的基本要素

一个完整的尺寸包括尺寸界线、尺寸线(含箭头)和尺寸数字三个基本要素，如图 1-7 所示。

1. 尺寸界线

尺寸界线用细实线绘制来表示所注尺寸的范围。

①尺寸界线自图形的轮廓线或中心线处引出，尽量引出到图形外。有时也可用轮廓线或中心线代替尺寸界线，如图 1-8 所示。

②尺寸界线一般与尺寸线垂直，并超出尺寸线约 0.5～0.6 倍字高，如图 1-7 所示。必要时允许倾斜，但两尺寸界线仍应互相平行，如图 1-9 所示。

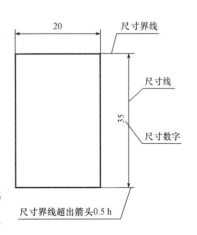

图 1-7　尺寸的组成

③在光滑过渡处标注尺寸时，必须用细实线将轮廓线延长，然后从交点处引出尺寸界线，如图1-9所示。

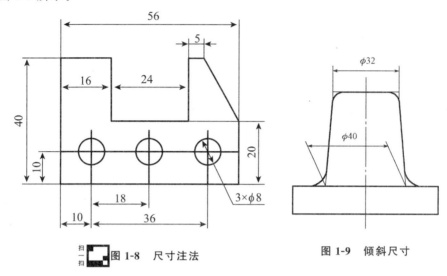

图1-8　尺寸注法　　　　　　　　图1-9　倾斜尺寸

2. 尺寸线

尺寸线用细实线绘制表示尺寸度量的方向。

①线性尺寸的尺寸线必须与所标注的线段平行。

②尺寸线必须单独画出，不能用其他图线代替，也不得与其他图线重合或在其延长线上。

③标注多个并联的尺寸时，应小的在内，大的在外，不交叉，且间隔均匀，其间隔可取字高的1.5~2.5倍，下边或右边第一条尺寸线离图形的距离可取字高的2~3倍。多个串联尺寸应在同一直线上，排列整齐，如图1-8所示。

④尺寸线的终端形式一般有箭头和斜线两种，同一张图样原则上只能采用同一种终端形式。机械图样常用箭头，其长度为≥6d。采用斜线时尺寸线必须与尺寸界线垂直，箭头和斜线画法，如图1-10所示。

⑤箭头要刚好画到尺寸界线处，不能留空隙，也不能超出，箭头长度可等于字高。

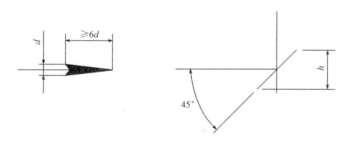

图1-10　尺寸线的终端形式

3. 尺寸数字

尺寸数字用来表示机件的实际大小，在同一张图样上，尺寸数字的字高应保持一致。

①线性尺寸的数字，一般注写在尺寸线的上方，也可注写在尺寸线的中断处，同一张图样上注写方法应一致。

②尺寸数字不能被任何图线划过，任何图线遇到尺寸数字都要断开。

③线性尺寸的注写方向如图 1-11(a)所示，水平方向的尺寸数字字头向上，垂直方向尺寸数字字头向左，倾斜方向的尺寸数字字头应斜向上，但向右偏斜不大于 60°。当尺寸线处在从铅垂方向左偏 30°的范围内时(字头向右偏斜大于 60°)，应采用引线标注，如图 1-11(b)所示。

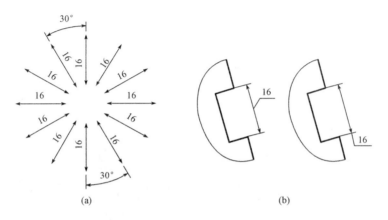

图 1-11 线性尺寸数字的注写方向

④角度尺寸的数字一律水平书写，字头朝上，一般写在尺寸线的中断处，也可写在尺寸线的上方或外侧，也可引出注写。

角度尺寸界线沿径向引出，尺寸线画成圆弧，圆心为角的顶点，如图 1-12(a)所示。

标注圆弧长度时，应在尺寸数字左边加注符号"⌒"，如图 1-12(b)所示。

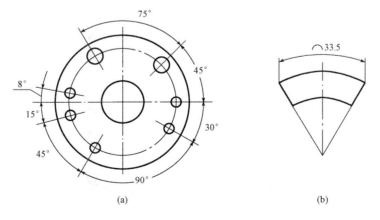

图 1-12 角度标注

三、常用符号及缩写词

1. 尺寸标注的常用符号及缩写词见表 1-5。

表 1-5　常用符号及缩写词

名称	符号或缩写词	名称	符号或缩写词	名称	符号或缩写词
直径	ϕ	厚度	t	沉孔或锪平	⊔
半径	R	正方形	□	埋头孔	∨
球直径	$S\phi$	45°倒角	C	均布	EQS
球半径	SR	深度	↓	弧长	⌒

2. 常用尺寸标注方法

线性尺寸、角度尺寸、圆、圆弧、小尺寸等的常见标注方法见表 1-6。

表 1-6　常用尺寸标注示例

标注内容		示　　例	说　　明
圆或圆弧	直径尺寸	$\phi 20$　　$\phi 26$　$\phi 18$	标注圆或大于半圆的圆弧时，尺寸线通过圆心，以圆周为尺寸界线，尺寸数字前加注直径符号"ϕ"
	半径尺寸	R10　　R20　R16	标注小于或等于半圆的圆弧时，尺寸线自圆心引向圆弧，只画一个箭头，尺寸数字前加注半径符号"R"

续表

标注内容	示 例	说 明
大圆弧		当圆弧的半径过大或在图纸范围内无法标注其圆心位置时，可采用折线形式。若圆心位置不需注明，则尺寸线可只画靠近箭头的一段
小尺寸		对于小尺寸，在没有足够的位置画箭头或注写数字时，箭头可画在外面，或用小圆点代替两个箭头；尺寸数字也可采用旁注或引出标注
球面		标注球面的直径或半径时，应在尺寸数字前分别加注符号"Sϕ"或"SR"
角度		尺寸界线应沿径向引出，尺寸线画成圆弧，圆心是角的顶点。尺寸数字一律水平书写，一般注写在尺寸线的中断处，必要时也可引出标注

续表

标注内容	示例	说明
只画一半或大于一半时的对称机件	（δ2，30，R3，φ10，20，12，4×φ6，40）	尺寸线应略超过对称中心线或断裂处的边界线，仅在尺寸线的一端画出箭头
板状零件		标注板状零件的尺寸时，在厚度的尺寸数字前加注符号"δ"

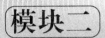

模块二 几何作图

项目一 绘图工具及其使用

"工欲善其事，必先利其器。"为了保证绘图质量和加快绘图速度必须养成正确使用、维护绘图工具和用品的良好习惯。

一、图板

图板是绘图时、固定图纸用的矩形木板，如图 2-1 所示。图板一般用胶合板制成，板面要求平整光滑，左侧为导边，必须平直。使用时，应注意保持图板的整洁完好。

二、丁字尺

丁字尺由互相垂直的尺头和尺身构成，主要用来画水平线。使用时，尺头内侧必须靠紧图板的导边，用左手推动丁字尺上、下移动。移动到所需位置后，改变手势，压住尺身，用右手由左至右画水平线，如图 2-2 所示。

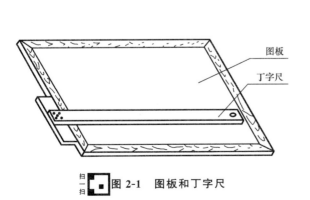

图 2-1 图板和丁字尺

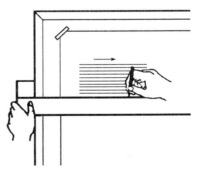

图 2-2 用丁字尺画水平线

三、三角板

三角板由 45°和 30°～60°两块合成为一副。将三角板和丁字尺配合使用，可作出垂直线和 30°、60°、45°以及 $n×45°$（n 为整数）的各种角度斜线，如图 2-3，图 2-4 所示。

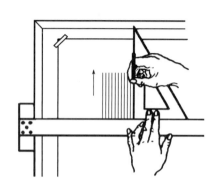

图 2-3　垂直线的画法

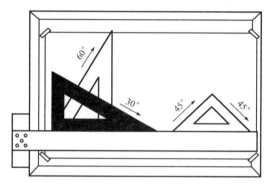

图 2-4　倾斜线的画法

如将两块三角板配合使用，还可以画出已知直线的平行线或垂直线，具体作法如图 2-5、图 2-6 所示。

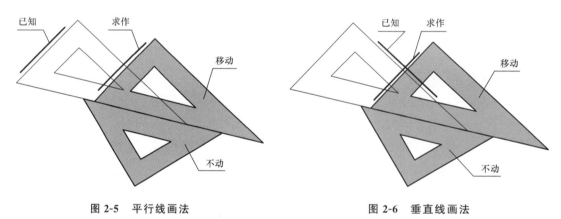

图 2-5　平行线画法　　　　　　　　图 2-6　垂直线画法

四、圆规

圆规是画圆或圆弧的工具。圆规的附件有钢针插脚、铅芯插脚、鸭嘴插脚和延伸插杆等。

画圆时，圆规的钢针应使用有肩台的一端，并使肩台与铅芯尖平齐。圆规的使用方法如图 2-7 和图 2-8 所示。

①将针尖扎入圆心
②圆规向画线方向倾斜
③画大圆时圆规两脚垂直纸面

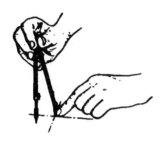

图 2-7　圆规的用法

图 2-8　加入延伸插杆用双手画较大半径的圆

五、分规

分规是用来截取尺寸、等分线段和圆周的工具。

分规的两个针尖并拢时应对齐，如图 2-9(a)所示；调整分规两脚间距离的手法，如图 2-10 所示；用分规截取尺寸的手法，如图 2-11 所示。

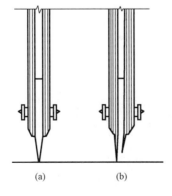

　(a)　　　(b)

图 2-9　针尖对齐　　　　图 2-10　调整分规的手法
(a)正确；(b)错误

六、比例尺

比例尺俗称三棱尺,是绘制不同比例的图形时使用的,如图 2-12 所示。

使用时,将比例尺放在图纸的作图部位,根据所需的刻度用笔尖在图纸上作一记号(或用针尖扎一小孔)。当同一尺寸需要次数较多时,可用分规在其上量出(如图 2-11,注意勿损尺面),再在图线上截取。

比例尺只用来量取尺寸,不可作为直尺画线使用。

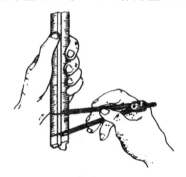

图 2-11 截取尺寸的手法

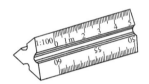

图 2-12 比例尺

七、曲线板

曲线板用于绘制不规则的非圆曲线。

使用时,应先徒手将曲线上各点轻轻地依次连成光滑的曲线,然后在曲线上找出足够的点,如图 2-13 那样,至少可使其画线边通过 1、2、3 点,在画出 1、2、3 点后,再移动曲线板,使其重新与 3 点相吻合,并画出 3 到 4 乃至 5 点间的曲线,依次类推,完成非圆曲线的作图。

描画对称曲线时,最好先在曲线板上标上记号,然后翻转曲线板,便能方便地按记号的位置描画对称曲线的另一半。

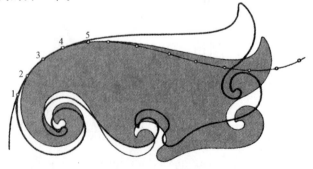

图 2-13 曲线板

项目二 几何作图常用方法

机件的形状虽然各不相同,但都是由各种基本的几何图形所组成。因此,绘制机械图样应当首先掌握常见几何图形的作图方法。

一、等分作图

1. 线段的等分

(1)试分法 对已知线段可凭目测用分规进行等分。如图 2-14 所示,欲将线段 AB 五等分,可先将分规的开度调整至 $\approx \frac{AB}{5}$ 长,然后在线段 AB 上试分,得 N 点(N 点也可能在端点 B 之外);然后再调整分规,使其长度增加(或缩减)为 $\approx \frac{BN}{5}$,而后重新试分,通过逐步逼近,即可将线段 AB 五等分。

(2)平行线法 欲将线段 AB 五等分。其作图方法如图 2-15 所示。可先过 A 点作任意直线 AC,并在 AC 上以适当长度截取五等分,得 $1'$、$2'$、$3'$、$4'$、$5'$ 各点;然后连接 $5'B$,并过 AC 线上其余各点作 $5'B$ 的平行线,分别交 AB 于 1、2、3、4,即为所求的等分点。

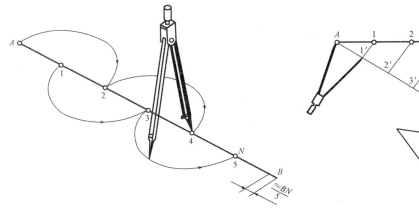

图 2-14 用试分法等分线段   图 2-15 用平行线法等分线段

2. 圆周的等分及作正多边形

(1)圆周的三、六、十二等分 可有两种作图方法。

①用圆规的作图方法,如图 2-16 所示。

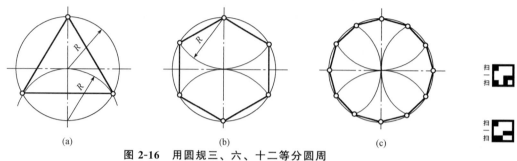

图 2-16 用圆规三、六、十二等分圆周

(a)三等分；(b)六等分；(c)十二等分

②用 30°～60°三角板和丁字尺配合的作图方法，如图 2-17 所示。

在上述作图中，将各等分点依次连线，即可分别作出圆的内接正三角形、正六边形和正十二边形。如需改变其三角形和正六边形的方位，可通过调整圆心的位置或三角板的放置方法来实现。

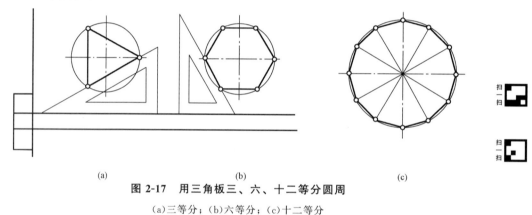

图 2-17 用三角板三、六、十二等分圆周

(a)三等分；(b)六等分；(c)十二等分

(2)圆周的五、十等分　作图步骤如下，如图 2-18 所示。

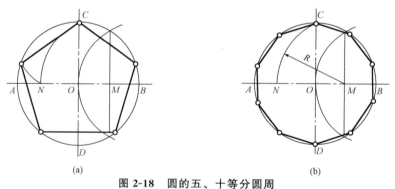

图 2-18 圆的五、十等分圆周

(a)五等分；(b)十等分

①二等分半径 OB，得点 M。

②以点 M 为圆心，MC 长为半径画弧，与直径相交于点 N。

③线段 CN 即为内接正五边形的一个边长，以此长度在圆周上连续截取，即得五个等分点，过一等分点依次连线即为圆的内接正五边形，如图 2-18(a)所示。

④线段 ON 的长度即为内接正十边形一边的长度，过一等分点依次连线即得正十边形，如图 2-18(b)。

二、斜度和锥度

1. 斜度

斜度是指一直线对另一直线或一平面对另一平面的倾斜程度，其大小用两直线或两平面间夹角的正切来表示，如图 2-19 所示，即 $\tan\alpha = \dfrac{H}{L}$。在图样上常以 1：n 的形式标注，如图 2-20(a)所示，并在其前加注斜度符号"∠"，且倾斜边方向应与斜度的方向一致。

图 2-20(a)的斜度作法，如图 2-20(b)所示，在图形内（或图形外）按斜度的方向和比值，先用细实线作一个小直角三角形，再按"平行线斜度相同"的原理，在欲画斜度线的位置，作其斜边的平行线即为所求。

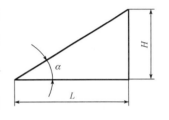

图 2-19　斜度

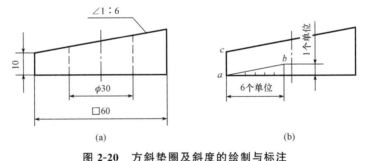

(a)　　　　　　　　　(b)

图 2-20　方斜垫圈及斜度的绘制与标注

2. 锥度

锥度是指圆锥的底圆直径与圆锥高度之比。如果是锥台，则是底圆直径和顶圆直径的差与锥台高度之比，如图 2-21 所示，即 $锥度 = \dfrac{D}{L} = \dfrac{D-d}{l} = 2\tan\dfrac{\alpha}{2}$。

通常，锥度也以 1：n 的形式标注，如图 2-22(a)所示，并在 1：n 前加注锥度符号"▷"，其方向应与锥度方向一致。该图锥度的做法，如图 2-22(b)所示（注意：应先作一个"小等腰三角形"，再作两腰的平行线）。

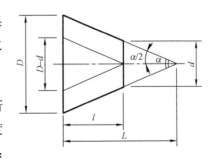

图 2-21　锥度

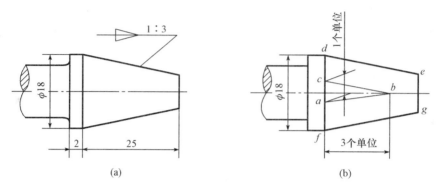

图 2-22 塞规头及锥度的绘制与标注

三、圆弧连接

有些机件常常具有光滑连接的表面，如图 2-23 所示。因此，在绘制它们的图形时，就会遇到圆弧连接的问题。例如，图 2-24 所示的图形 [图 2-23（a）扳手的轮廓图] 就是由圆弧与直线或圆弧与圆弧光滑连接起来的。这种由一圆弧光滑连接相邻两线段的作图方法，叫做圆弧连接。所谓光滑连接，实质上就是圆弧与直线或圆弧与圆弧相切。

它的作图可分为三步：①求连接弧的圆心；②找出切点（即连接点）；③用连接弧半径画弧。下面分几种情况加以讨论。

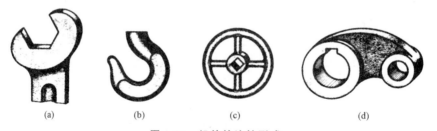

图 2-23 机件的连接形式

（a）扳手；（b）吊钩；（c）手轮；（d）连杆

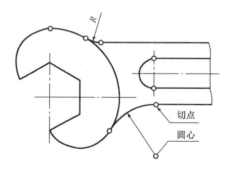

图 2-24 扳手轮廓图

1. 用圆弧连接两直线

其作图方法和步骤见表 2-1。

表 2-1 用圆弧连接两直线

类别	用圆弧连接锐角或钝角的两边		用圆弧连接直角的两边
图例	(图示)	(图示)	(图示)
作图步骤	1. 作与已知角两边相距为 R 的平行线，交点 O 即为连接弧圆心 2. 自 O 点分别向已知两边作垂线，垂足 M、N 即为切点 3. 以 O 为圆心，R 为半径在两切点 M、N 之间画连接圆弧即完成作图		1. 以角顶为圆心，R 为半径画弧，交直角两边于 M、N 2. 以 M、N 为圆心，R 为半径画弧，相交得连接弧圆心 O 3. 以 O 为圆心，R 为半径在 M、N 间画连接圆弧即完成作图

2. 用圆弧连接直线与圆弧及两圆弧

表 2-2 用圆弧连接直线与圆弧及两圆弧

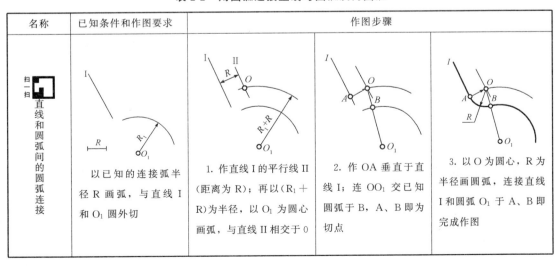

续表

名称		已知条件和作图要求	作图步骤		
两圆弧间的圆弧连接	外连接 扫一扫	以已知的连接弧半径 R 画弧，与两圆外切	1. 分别以（R_1＋R）及（R_2＋R）为半径，O_1、O_2 为圆心画弧，交于 O	2. 连 OO_1 交已知弧于 A，连 OO_2 交已知弧于 B，A、B 即为切点	3. 以 O 为圆心，R 为半径画圆弧，连接已知圆弧于 A、B 即完成作图
	内连接 扫一扫	以已知的连接弧半径 R 画弧，与两圆内切	1. 分别以（R－R_1）和（R－R_2）为半径，O_1 和 O_2 为圆心画弧，交于 O	2. 连 OO_1、OO_2 并延长，分别交已知弧于 A、B，A、B 即为切点	3. 以 O 为圆心，R 为半径画圆弧，连接两已知弧于 A、B 即完成作图
	混合连接 扫一扫	以已知的连接弧半径 R 画弧，与 O_1 圆外切，与 O_2 圆内切	1. 分别以（R_1＋R）及（R_2－R）为半径，O_1、O_2 为圆心画弧，交于 O	2. 连 OO_1 交已知弧于 A；连 OO_2 并延长交已知弧于 B，A、B 即为切点	3. 以 O 为圆心，R 为半径画圆弧，连接两已知弧于 A、B 即完成作图

其作图方法和步骤见表 2-2。

四、椭圆的画法

椭圆为常见的非圆曲线。常采用"四心法"近似地画出［即由四段圆弧连接而成，见图 2-25(c)］，其具体作图步骤如下。

①画出互相垂直且平分的长、短轴 AB 和 CD，连 AC，以 C 为圆心，CE 为半径（长、

短半轴之差)画弧，交 AC 于 F，如图 2-25(a)所示。

②作 AF 的垂直平分线，与长、短轴(或其延长线)交于 1、2 点，并作出其对称点 3、4，则 1、2、3、4 即为四段圆弧的圆心。连接 21、23、41、43 并延长，切点即应在此线上，如图 2-25(b)所示。

③分别以 2、4 为圆心，2C 为半径画两大弧，以 1、3 为圆心，1A 为半径画两小弧，即完成椭圆的作图，如图 2-25(c)所示。

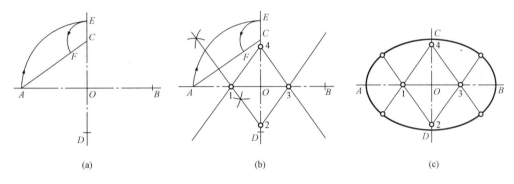

图 2-25 椭圆的近似画法

项目三　平面图形的画法

平面图形是由若干直线和曲线连接而成的，这些线段之间的相对位置和连接关系靠给定的尺寸来确定。

一、平面图形尺寸分析

平面图形中的尺寸按作用可分为定形尺寸和定位尺寸。

1. 定形尺寸

定形尺寸是确定图形各线段形状大小的尺寸，如线段长度、圆弧半径与圆心角、直径尺寸等，如图 2-26 中的 $\phi15$、$\phi30$、$R18$、$R30$、$R50$、80、10。

2. 定位尺寸

定位尺寸是确定图形中线段间相对位置的尺寸，如圆心位置尺寸、直线段的位置尺寸等，如图 2-26 中的 70、50、80。

有些尺寸既是定形尺寸，也是定位尺寸，如图 2-26 中的 80，既是矩形的长，也是 $R50$ 圆弧的横向定位尺寸。

3. 尺寸基准

尺寸基准就是标注尺寸的起始点。作为尺寸基准，一般有两个以上的尺寸以此为起始点。例如图 2-26 中的底边线，10、50 均以此为起始点。

平面图形中通常有水平和垂直两个方向的基准。作为尺寸基准的有圆心、对称中心线、主要轮廓线及边界线等。

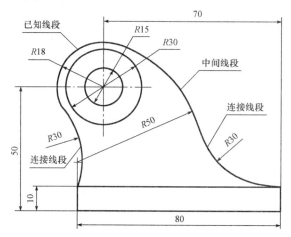

图 2-26 平面图形分析

二、平面图形的线段分析

组成平面图形的线段分为已知线段、中间线段和连接线段。

1. 已知线段

定形、定位尺寸齐全的线段称为已知线段。已知线段可以根据图中尺寸直接画出，如图 2-26 中 $\phi 15$ 和 $\phi 30$ 的圆、$R18$ 的圆弧、长 80 mm 和 10 mm 的直线。

2. 中间线段

定位尺寸不全的线段称为中间线段。中间线段在作图时必须先画出与之相接的线段，才能确定其位置，如图 2-26 中的 $R50$ 圆弧。

3. 连接线段

只有定形尺寸而没有定位尺寸的线段称为连接线段。在作图时，必须先画出与连接线段两端相接的线段，才能确定连接线段的位置，如图 2-26 中的两处 $R30$ 圆弧。

三、手工绘图的一般步骤

以绘制图 2-26 所示的平面图形为例。

1. 布图

确定适当比例，合理布置图形。根据图形的外形尺寸及主要定位尺寸，画出作图基准线，如图 2-27(a)所示。

2. 画底稿

先画尺寸齐全的已知线段，再画中间线段，最后画连接线段。画底稿应用 HB 或 H 铅笔，画线应轻、细，便于擦改，如图 2-27(b)、图 2-27(c)、图 2-27(d)所示。

3. 描深加粗图线

描深加粗时，一般应先画圆弧，后画直线；直线先画水平线、垂直线，后画斜线。

4. 标注尺寸，填写文字

结果如图 2-27(e)所示。

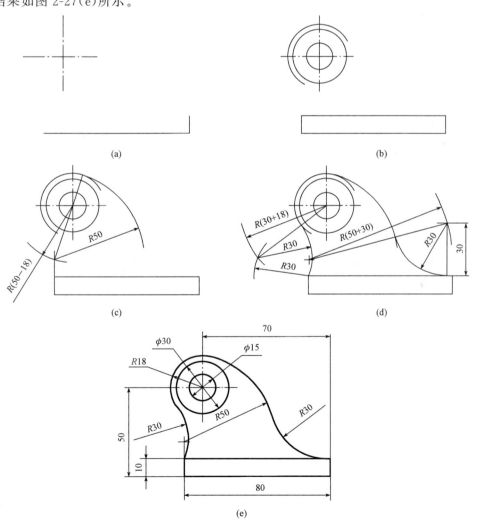

图 2-27　手工绘图步骤

(a)画基准线、定位线；(b)画已知线段；(c)画中画线段；(d)画连接线段；(e)加粗描深、标尺寸

四、平面图形的尺寸标注

尺寸标注的基本要求是：正确、完整、清晰。

完整是指尺寸不能遗漏，也不重复。若按图形注出的尺寸不能完整画出图形，则说明尺寸有遗漏。而画完图形后没有用到的尺寸则为重复尺寸。

标注尺寸时，根据绘图或制造需要，考虑定形尺寸与定位尺寸，逐一标注各线段尺寸。注意合理布局，尺寸小的在内，大的在外，间隔均匀，不交叉。串联尺寸在同一直线上，尽量做到整齐美观。几种常见图形的尺寸标注示例如图 2-28 所示。

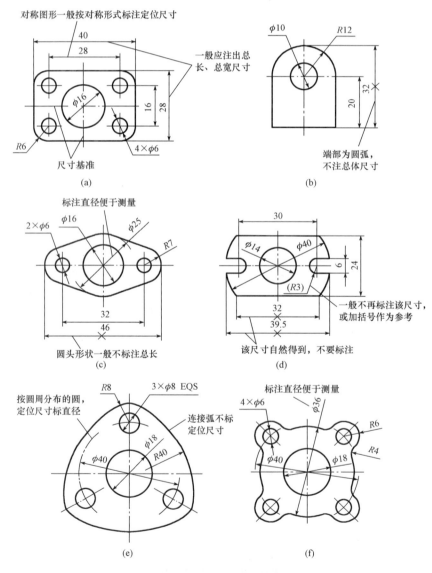

图 2-28 常见图形尺寸标注示例

项目四　徒手画图的方法

徒手图也称草图。它是不借助绘图工具，以目测估计图形与实物的比例，按一定画法要求徒手(或部分使用绘图仪器)绘制的图。在生产实践中，经常需要人们通过绘制草图来记录或表达技术思想，因此，徒手画图是技术工人必备的一项基本技能。要不断通过实践，逐步地提高徒手画图的速度和技巧。

画草图的要求：①画线要稳，图线要清晰；②目测尺寸要准(尽量符合实际)，各部分比例要匀称；③绘图速度要快；④标注尺寸无误，字体工整。

画草图的铅笔比用仪器画图的铅笔软一号，削成圆锥形，画粗实线笔尖要秃些，画细线笔尖要尖些。

要画好草图，必须掌握徒手绘制各种线条的基本手法。

一、握笔的方法

手握笔的位置要比用仪器绘图时高些。笔杆与纸面成 45°～60°角，执笔要稳而有力。

二、直线的画法

画直线时，手腕要靠着纸面，沿着画线方向移动，保证图线画得直。眼应注意终点方向，以便于控制图线。

徒手绘图的手法如图 2-29 所示。画水平线时，图纸可放斜一点，不要将图纸固定住，以便随时可将图纸转动到画线最为顺手的位置，如图 2-29(a)所示。画垂直线时，自上而下运笔，如图 2-29(b)所示。画斜线时的运笔方向如图 2-29(c)所示。为了便于控制图形大小比例和各图形间的关系，可利用方格纸画草图。

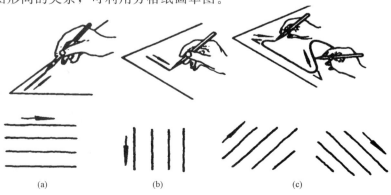

图 2-29　直线的徒手画法

三、常用角度的画法

画 30°、45°、60° 等常用角度，可根据两直角边的比例关系，在两直角边上定出几点，然后连线而成，如图 2-30(a)、图 2-30(b)、图 2-30(c) 所示。

画 10°、15°、75° 等角度，可先画出 30°的角后再二等分、三等分得到，如图 2-30(d) 所示。

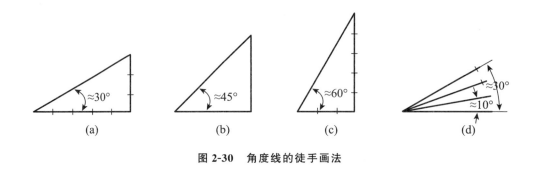

图 2-30　角度线的徒手画法

四、圆的画法

画小圆时，先定圆心，画中心线，再按半径大小在中心线上定出四个点，然后过四点分两半画出如图 2-31(a) 所示。

画较大的圆时，可增加两条 45°斜线，在斜线上再根据半径大小定出四个点，然后分段画出，如图 2-31(b) 所示。

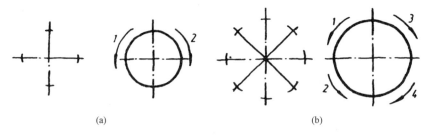

图 2-31　圆的徒手画法

五、圆弧的画法

画圆弧时，先将两直线徒手画成相交，然后目测，在分角线上定出圆心位置，使它与角两边的距离等于圆角半径的大小,过圆心向两边引垂线定出圆弧的起点和终点,并在分角线上也定出一圆周点,然后画圆弧把三点连接起来,如图 2-32 所示。

图 2-32　圆弧的徒手画法

六、椭圆的画法

画椭圆时,先目测定出其长、短轴上的四个端点,然后分段画出四段圆弧,画图时应注意图形的对称性,如图 2-33 所示。

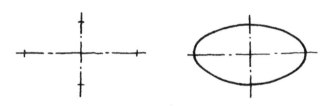

图 2-33　椭圆的徒手画法

七、徒手画图的经验

徒手绘制草图在产品设计和现场测绘中都会遇到。学习草图画法非常必要,这里只简单介绍两点画草图的经验。

①画底线时,眼睛不要只盯着笔尖,要兼顾终点,加粗描深则应盯着笔尖。

②根据线条的不同方位,转动图纸到画线最顺手的位置,这样画直线会画得更直些。

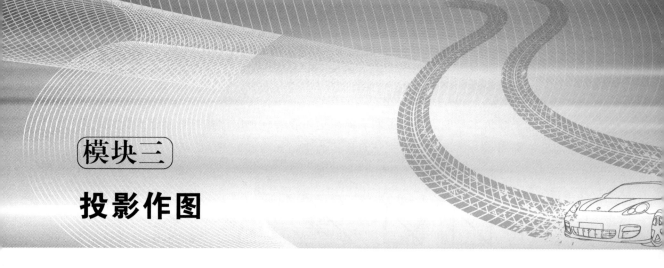

模块三

投影作图

项目一 投影法的基本概念

一、投影法的基本概念

当日光或灯光照射物体时,在地面或墙上就会出现物体的影子,这就是日常生活中所见到的投影现象。人们将这种现象进行科学总结和抽象,提出了形成物体图形的方法——投影法。在投影法中,得到图形的面称为投影面,如图 3-1 所示。

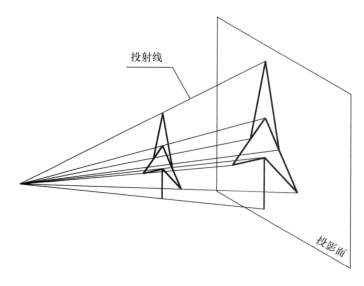

图 3-1 投影法

二、投影法的分类

投影法分为中心投影法和平行投影法两种。

1. 中心投影法

投射线汇交一点的投影法，称为中心投影法。采用中心投影法绘制的图样，具有较强的立体感，因而在建筑工程的外形设计中经常使用。

2. 平行投影法

投射线相互平行的投影法，称为平行投影法。

在平行投影法中，按投射线是否垂直于投影面，又可分为斜投影法和正投影法。

(1) 斜投影法　投射线与投影面相倾斜的平行投影法。根据斜投影法所得到的图形，称为斜投影或斜投影图，如图 3-2(a)所示。

(2) 正投影法　射线与投影面相垂直的平行投影法。根据正投影法所得到的图形，称为正投影或正投影图，可简称为投影，如图 3-2(b)所示。

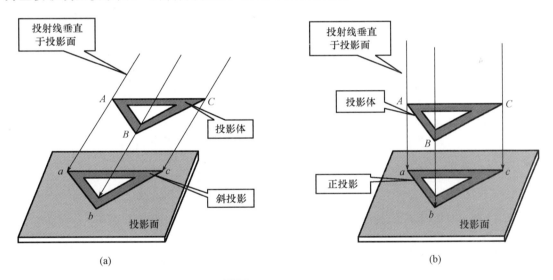

图 3-2　平行投影

(a)斜投影法；(b)正投影法

由于正投影法的投射线相互平行且垂直于投影面，所以当空间的平面图形平行于投影面时，其投影将反映该平面图形的真实形状和大小，即使改变它与投影面之间的距离，其投影形状和大小也不会改变。因此，绘制机械图样主要采用正投影法。

三、正投影的基本性质

1. 显实性

当直线或平面与投影面平行时,则直线的投影反映实长、平面的投影反映实形的性质,称为显实性,如图 3-3(a)所示。

2. 积聚性

当直线或平面与投影面垂直时,则直线的投影积聚成一点、平面的投影积聚成一条直线的性质,称为积聚性,如图 3-3(b)所示。

3. 类似性

当直线或平面与投影面倾斜时,其直线的投影长度变短、平面的投影面积变小,但投影的形状仍与原来的形状相类似的性质,称为类似性,如图 3-3(c)所示。

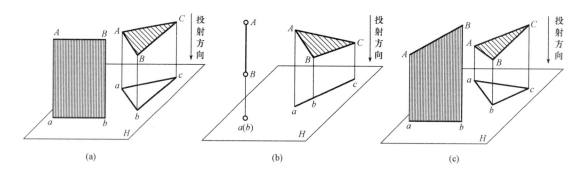

图 3-3 正投影的特性

(a)直线、平面平行于投影面;(b)直线、平面垂直于投影面,具有积聚性;
(c)直线、平面倾斜于投影面,具有类似性

项目二 三视图

一、三视图的形成

按照有关标准和规定,用正投影法绘制的物体图形称为视图。

要表达物体的空间形状,只用一面投影往往是不够的,如图 3-4 所示,需要多面投影。常用的是三面投影。

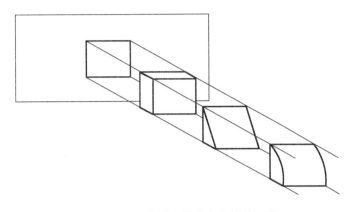

图 3-4 一个投影不能确定物体的形状

如图 3-5(a)所示,将 L 形块放在三投影面中间,分别向正面(V 面)、水平面(H 面)、侧面(W 面)投影。在正面的投影叫主视图,在水平面上的投影叫俯视图,在侧面上的投影叫左视图。

为了把三视图画在同一平面上,如图 3-5(b)所示,规定正面不动,水平面绕 OX 轴向下转动 90°,侧面绕 OZ 轴向右转 90°,使三个互相垂直的投影面展开在一个平面上,如图 3-6(a)所示。为了画图方便,把投影面的边框去掉,得到如图 3-6(b)所示的三视图。

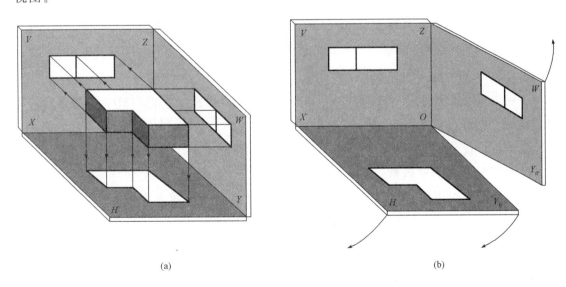

图 3-5 三视图的形成

(a)三投影面;(b)展开

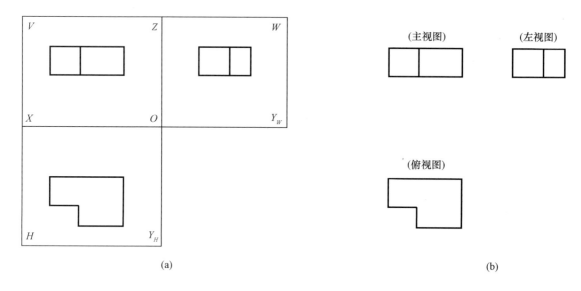

图 3-6 三视图的形成
（a）展开完成；（b）三视图

二、三个视图的关系

1. 三个视图的位置关系

俯视图在主视图的正下面，左视图在主视图的正右边。

2. 三个视图与物体的关系

主视图反映物体的长（X）和高（Z），俯视图反映物体的长（X）和宽（Y），左视图反映物体的高（Z）和宽（Y），如图 3-7 所示。

在俯视图和左视图中，靠近主视图的一面是物体的后面。

3. 三个视图的尺寸关系

主视图与俯视图长度相等（X 坐标相同），主视图与左视图高度相等（Z 坐标相同），俯视图与左视图宽度相等（Y 坐标相同），如图 3-7 所示。所以，三个视图的投影关系为：

主、俯视图**长对正**。

主、左视图**高平齐**。

俯、左视图**宽相等**。

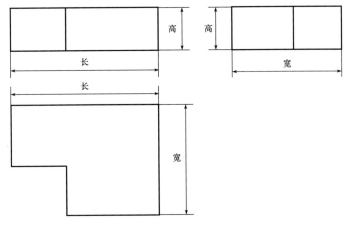

图 3-7 三视图的投影规律

四、三视图画法举例

绘制三视图时，首先要根据物体的形状，选择合适的投影角度，以使得物体的结构通过视图表达清楚。

绘制如图 3-8 所示立体的三视图。其三视图绘制步骤见表 3-1。

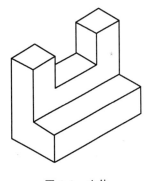

图 3-8 立体

表 3-1 三视图绘制步骤

作图步骤	图 例
1. 绘制中心线和作图基准，主视图以底边为基准，俯视图以侧边为基准，左视图以侧边为基准	

续表

作图步骤	图例
2. 按照投影规律绘制底板的三视图	
3. 根据投影规律绘制侧板的三视图	
4. 绘制侧板上的凹台的三视图	

续表

作图步骤	图例
5. 检查，擦去多余图线，按规定描深	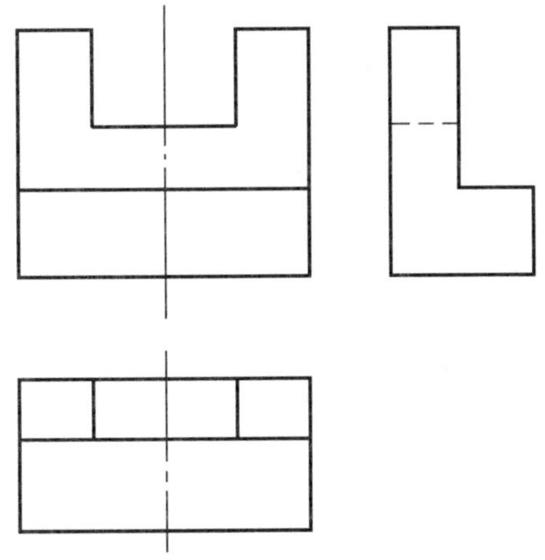

项目三　点的投影

一、空间点的表示法

空间点用一个大写英文字母命名，坐标值按 x、y、z 的顺序写在圆括号内，用逗号分隔。例如：$A(x, y, z)$、$B(55, 66, 88)$。

二、点的三面投影

如图 3-9(a)所示，将点 A 分别向三个投影面投射，得到点的三个投影 a、a'、a''，然后投影面展开摊平，即为点的三面投影，如图 3-9(b)所示。

三、点的投影轴测图画法

点的三面投影轴测图如图 3-10(b)所示，图中坐标系的三轴间夹角相等，均为 120°。Z 轴画成垂直线，X、Y 轴与水平线的夹角为 30°，如图 3-10(a)所示。

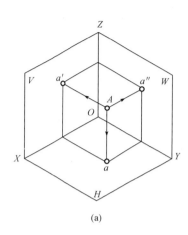
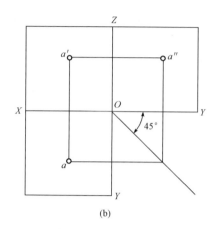

图 3-9 点的三面投影

点的位置由其坐标确定，点的坐标值沿轴向或与坐标轴平行的方向测量。空间点与其投影之间用细实线相连，过各个投影画坐标轴的平行线（称为投影连线），使空间点及其投影分别处在一个矩形的四个角上，并用小圆圈画出点的位置，还要标注其名称，如图 3-10（b）所示。

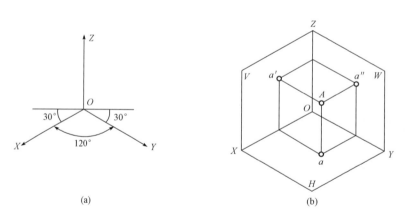

图 3-10 点的投影直观图画法

四、点的三面投影画法

点的三面投影图如图 3-11 所示，包括以下内容。
①坐标轴（不画箭头）。
②表示点的投影位置的小圆圈。
③投影名称：与空间点相对应的小写字母，正面投影加"′"，侧面投影加"″"。
④投影连线：用细实线绘制。

投影连线必须与两投影之间的坐标轴垂直,这是点的投影规律。水平面与侧面投影连线垂直于 Y 轴,两条 Y 轴之间可通过 45°斜线相连,如图 3-11(a)所示,或者通过圆弧相连,如图 3-11(b)所示。

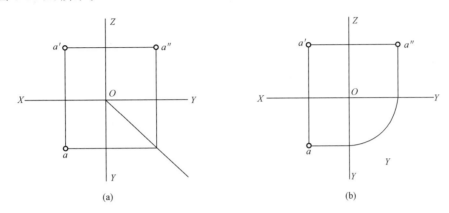

图 3-11　点的三面投影图

五、点的两面投影画法

点的两面投影画法如图 3-12 所示。图 3-12(a)为直观图,图 3-12(b)为投影图。

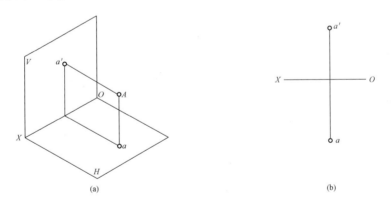

图 3-12　点的两面投影
(a)直观图(b)投影图

六、点的相对位置

几个点的相对位置,可以根据点的坐标来判断,也可以根据投影确定。
①根据坐标判断:X 大的在左边,Y 大的在前面,Z 大的在上面。

②根据投影确定：Y 面投影确定上下、左右，H 面确定前后、左右，W 面确定上下、前后。

例 1 如图 3-13 所示，已知点 A(50，30，70)、点 B(20，50，50)，作三面投影并填空说明两点的相对位置。

七、特殊位置点的投影

特殊位置指点在投影面上或投影轴上。

例 2 作点 A(30，40，0)、B(0，30，0)、C(40，35，20)的三面投影并填空，如图 3-14 所示。

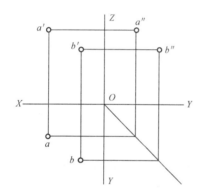

图 3-13　两点的相对位置

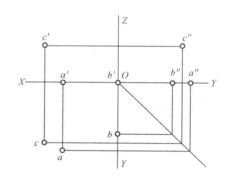

图 3-14　特殊位置点的投影

八、重影点的表示法

两点的投影重合时，下面或后面的点看不见，将其名称加上括号。

例 3 如图 3-15 所示，已知点 A 距 H 面 30 mm，距 V 面和 W 面均为 20 mm，点 B (30，20，30)，求作 A、B 两点的三面投影。

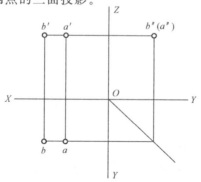

图 3-15　重影点

项目四　直线的投影

本节所研究的直线，均指直线的有限长度——线段。

一、直线的三面投影

直线的投影一般仍是直线，其作图步骤如图 3-16 所示。

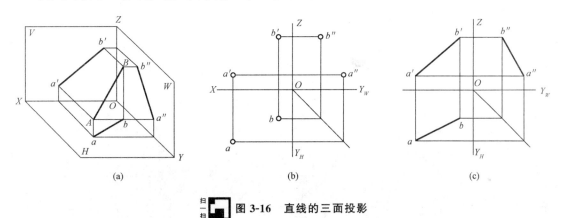

图 3-16　直线的三面投影

(a)空间直线的投影情况；(b)作直线两端点的投影；(c)同面投影连线即为所求

二、各种位置直线的投影特性

直线相对于投影面的位置共有三种情况：①垂直；②平行；③倾斜。由于位置不同，直线的投影就各有不同的投影特性，如图 3-17 所示。

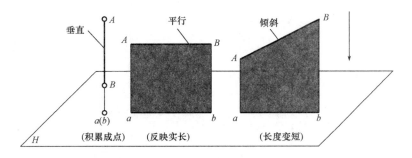

图 3-17　直线对投影面的三种位置

1. 特殊位置直线

（1）投影面垂直线　垂直于一个投影面的直线，统称为投影面垂直线。

垂直于 H 面的直线，称为铅垂线；垂直于 V 面的直线，称为正垂线；垂直于 W 面的直线，称为侧垂线。它们的投影图例及其投影特性见表 3-2。

阅读表 3-2 时，应注意以下几点。

① 表中的竖向内容（从上到下）："实例"说明直线取自于体；"轴测图"表示直线的空间投射情况；"投影图"为投影结果——平面图；"投影特性"是投影规律的总结。

② 要熟记（各种位置直线）名称及投影图特征。

表 3-2　投影面垂直线的投影特性

名称	铅垂线（⊥H）	正垂线（⊥V）	侧垂线（⊥W）
实例			
轴测图			
投影图			
投影特性	1. 水平投影 $a(b)$ 积聚成一点 2. 正面投影 $a'b'$、侧面投影 $a''b''$ 都反映实长，且 $a'b'\perp OX$，$a''b''\perp OY_W$	1. 正面投影 $a'(b')$ 积聚成一点 2. 水平投影 ab、侧面投影 $a''b''$ 都反映实长，且 $ab\perp OX$，$a''b''\perp OZ$	1. 侧面投影 $a''(b'')$ 积聚成一点 2. 水平投影 ab、正面投影 $a'b'$ 都反映实长，且 $ab\perp OY_H$，$a'b'\perp OZ$
	小结：1. 直线在所垂直的投影面上的投影有积聚性 　　　2. 直线其他两面投影反映线段实长，且垂直于相应的投影轴		

(2)投影面平行线　平行于一个投影面的直线，统称为投影面平行线。

平行于 H 面的直线，称为水平线；平行于 V 面的直线，称为正平线；平行于 W 面的直线，称为侧平线。它们的投影图例及其投影特性见表 3-3。

表 3-3　投影面平行线的投影特性

名称	水平线（∥H）	正平线（∥V）	侧平线（∥W）
实例			
轴测图			
投影图			
投影特性	1. 水平投影 ab 反映实长 2. 正面投影 $a'b'$∥OX，侧面投影 $a''b''$∥OY_W，且都小于实长	1. 正面投影 $a'b'$ 反映实长 2. 水平投影 ab∥OX，侧面投影 $a''b''$∥OZ，且都小于实长	1. 侧面投影 $a''b''$ 反映实长 2. 水平投影 ab∥OY_H，正面投影 $a'b'$∥OZ，且都小于实长
	小结：1. 直线在所平行的投影面上的投影反映实长 　　　2. 直线其他两面投影平行于相应的投影轴		

2. 一般位置直线

对三个投影面都倾斜的直线，称为一般位置直线。

如图 3-18 所示，因为一般位置直线的两端点到各投影面的距离都不相等，所以它的三面投影都与投影轴倾斜，并且均小于线段的实长。

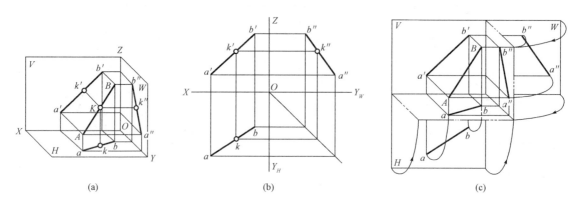

图 3-18 一般位置直线、直线上点的投影及直线投影图的读法

(a)轴测图；(b)投影图；(c)想象直线空间位置的过程

三、直线上的点

点在直线上，则点的投影必在该直线的同面投影上。反之，如果点的各投影均在直线的各同面投影上，则点必在该直线上。

四、读直线的投影图

读直线的投影图就是确定直线的空间位置。

例如，识读图 3-18(b) 所示 AB 直线的投影图。

根据三面投影均为直线且与各投影轴都倾斜的情况下，可以判定出 AB 为一般位置直线，"走向"为：从左、前、下方向右、后、上方倾斜。

但应指出，看图时不能只根据"投影图"机械地套用"投影特性"而加以判断。关键是要建立起空间概念，即在脑海中呈现出直线投射的立体形状，如图 3-18(c) 所示，再运用直线的投影特性判定直线的空间位置，才是正确的看图方法。

项目五 平面的投影

一、平面的三面投影

平面图形的投影,一般仍为与其相类似的平面图形。

例如,图 3-19(a)所示△ABC 的三面投影均为三角形。作图时,先求出三角形各顶点的投影,如图 3-19(b)所示,然后将各点的同面投影依次引直线连接起来,即得△ABC 的三面投影,如图 3-19(c)所示。

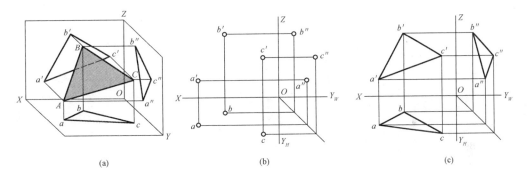

图 3-19 平面图形的投影

二、各种位置平面的投影

平面相对于投影面的位置共有三种情况:①平行于投影面;②垂直于投影面;③倾斜于投影面。由于位置不同,平面的投影就各有不同的特性,如图 3-20 所示。

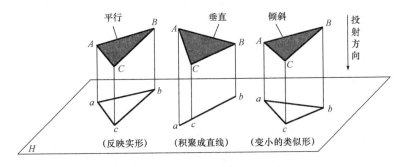

图 3-20 各种位置平面的投影特性

模块三 投影作图

1. 特殊位置平面

(1) 投影面垂直面 垂直于一个投影面，与其他两个投影面倾斜的平面，统称为投影面垂直面。

垂直于 H 面的平面，称为铅垂面；垂直于 V 面的平面，称为正垂面；垂直于 W 面的平面，称为侧垂面。它们的投影图例及投影特性见表 3-4。

表 3-4 投影面垂直面的投影特性

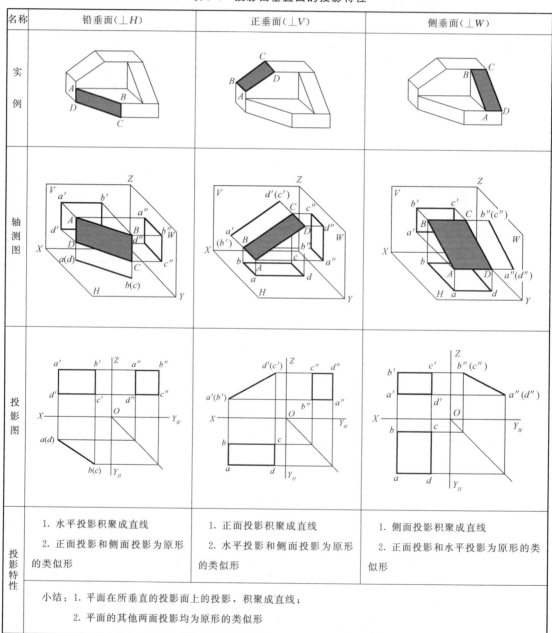

名称	铅垂面($\perp H$)	正垂面($\perp V$)	侧垂面($\perp W$)
实例			
轴测图			
投影图			
投影特性	1. 水平投影积聚成直线 2. 正面投影和侧面投影为原形的类似形	1. 正面投影积聚成直线 2. 水平投影和侧面投影为原形的类似形	1. 侧面投影积聚成直线 2. 正面投影和水平投影为原形的类似形
	小结：1. 平面在所垂直的投影面上的投影，积聚成直线； 　　　2. 平面的其他两面投影均为原形的类似形		

（2）投影面平行面　平行于一个投影面，与其他两个投影面垂直的平面，统称为投影面平行面。

平行于 H 面的平面，称为水平面；平行于 V 面的平面，称为正平面；平行于 W 面的平面，称为侧平面。它们的投影图例及投影特性见表 3-5。

表 3-5　投影平行面的投影特性

名称	水平面（//H）	正平面（//V）	侧平面（//W）
实例			
轴测图			
投影图			
投影特性	1. 水平投影反映实形 2. 正面投影积聚成直线，且平行于 OX 轴 3. 侧面投影积聚成直线，且平行于 OY_W 轴	1. 正面投影反映实形 2. 水平投影积聚成直线，且平行于 OX 轴 3. 侧面投影积聚成直线，且平行于 OZ 轴	1. 侧面投影反映实形 2. 正面投影积聚成直线，且平行于 OZ 轴 3. 水平投影积聚成直线，且平行于 OY_H 轴
小结	1. 平面在所平行的投影面上的投影反映实形 2. 平面的其他两面投影均积聚成直线，且平行于相应的投影轴		

2. 一般位置平面

与三个投影面都倾斜的平面，称为一般位置平面。

由于一般位置平面对三个投影面都倾斜，所以它的三面投影都不可能积聚成直线，也不可能反映实形，而是小于原平面图形的类似形，如图 3-19 所示。

项目六　基本几何体的三视图

常见的几何体有棱柱、棱锥等平面立体和圆柱、圆锥、球、圆环等曲面立体。

一、平面立体

表面均由平面构成的形体称为平面立体。由于平面立体由平面围成，因此，平面立体的三视图，就是平面立体各表面、棱线、顶点的三面投影的集合。

1. 棱柱体

(1) 棱柱体的三视图　图 3-21(a) 为一正六棱柱的投射情况，它由六个棱面、顶面和底面组成。正六棱柱的上、下底面都是水平面，其水平投影重合并反映实形，正面投影和侧面投影分别积聚成两条平行于相应投影轴的直线。前、后两个棱面为正平面，其正面投影重合并反映实形，水平投影和侧面投影都积聚成直线。其余四个棱面均为铅垂面，其水平投影分别积聚成倾斜于相应投影轴的直线，正面投影和侧面投影都是缩小的类似形。按其相对位置画出这些表面的三面投影，即为正六棱柱的三视图，如图 3-21(b) 所示。

(2) 棱柱体表面上的点　立体表面上的点，其投影一定位于立体表面的同面投影上。如果已知点所在表面为特殊位置，可利用其投影的积聚性直接求出；否则，须通过先在面上取线，再在线上取点的方法间接求得。点投影的可见性取决于点所在表面投影的可见性。

如图 3-21 所示，已知正六棱柱表面 $ABCD$ 上点 M 的正面投影 m'，求它的水平投影 m 和侧面投影 m''。由于棱面 $ABCD$ 为铅垂面，可利用它的水平投影 $abcd$ 具有的积聚性求得 m，再根据 m' 和 m 求得 m''（可见）。同理，已知 n 可求得 n' 和 n''。

项目六　基本几何体的三视图

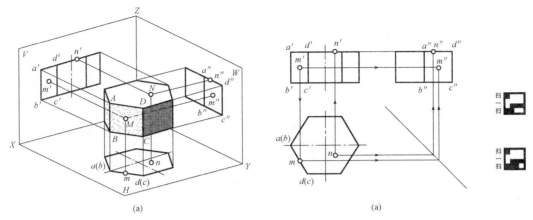

图 3-21　正六棱柱的三视图及表面上的点

图 3-22 所示为一些不同方位的棱柱体及其三视图，从中可总结出它们的形体特征：棱柱体都是由两个平行且相等的多边形底面和若干个与其相垂直的矩形侧面所组成；其三视图的特征是：一个视图为多边形，其他两个视图的外形轮廓均为矩形线框（图形内的线为某些侧面棱线的投影，矩形线框为某些侧面的投影或重影）。

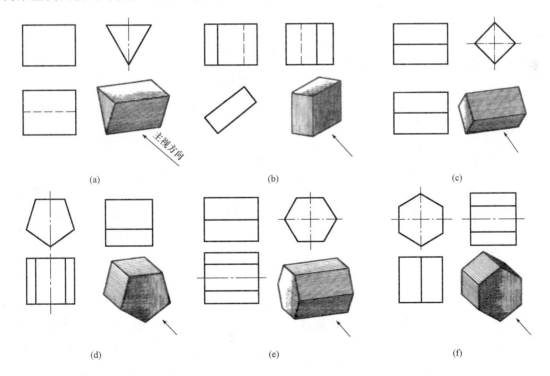

图 3-22　不同位置的棱柱体及其三视图

(a)正三棱柱；(b)正四棱柱；(c)正四棱柱；(d)正五棱柱；(e)正六棱柱；(f)正六棱柱

模块三 投影作图

画棱柱体的三视图时，应先画出多边形，再画其另两面投影，然后将两底面对应顶点的同面投影用直线连接起来，即完成作图。

2. 棱锥体

（1）棱锥体的三视图　图 3-23(a)为一正三棱锥的投射情况，它由底面△ABC 及三个棱面△SAB、△SBC 和△SAC 所组成。其底面为水平面，它的水平投影反映实形，正面投影和侧面投影分别积聚成一直线。棱面△SAC 为侧垂面，因此侧面投影积聚成一直线，水平投影和正面投影都是类似形。棱面△SAB 和△SBC 为一般位置平面，它的三面投影均为类似形。按其相对位置画出这些表面的三面投影，即为正三棱锥的三视图，如图 3-23(b)所示。

（2）棱锥体表面上的点　如图 3-23 所示，已知棱面△SAB 上点 M 的正面投影 m′和棱面△SAC 上点 N 的水平投影 n，试求点 M、N 的其他投影。因棱面△SAC 是侧垂面，它的侧面投影 s″a″(c″)具有积聚性，因此 n″必在 s″a″(c″)上，可直接由 n 作出 n″，再由 n″和 n 求出 n′。棱面△SAB 是一般位置平面，过锥顶 S 及点 M 作一辅助线 SⅡ[图 3-23(b)中即过 m′作 s′2′，其水平投影为 s2]，然后根据直线上点的投影特性，求出其水平投影 m，再由 m′、m 求出侧面投影 m″。若过点 M 作一水平辅助线 IM，同样可求得点 M 的其余二投影。

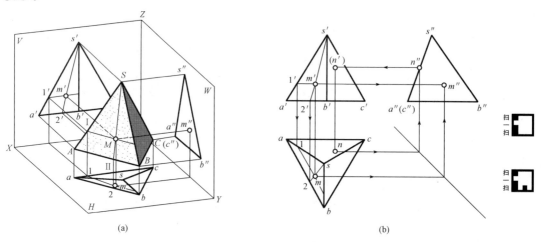

图 3-23　正三棱锥的三视图及表面上的点

图 3-24 所示为一些常见的正棱锥体及其三视图。从中可总结出它们的形体特征：正棱锥体由一个正多边形底面和若干个具有公共顶点的等腰三角形侧面所组成，且锥顶位于过底面中心的垂直线上；其三视图的特征是：一个视图的外形轮廓为正多边形（图形内的线分别为侧棱线的投影，等腰三角形分别为侧表面的投影），其他两视图的外形轮廓均为三角形线框（图形内的线为某些侧棱线的投影，三角形线框为某些侧表面的投影）。

· 50 ·

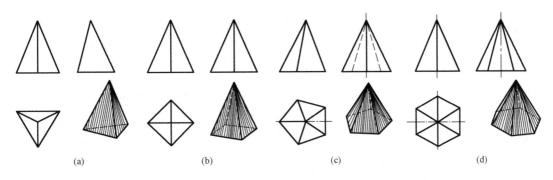

图 3-24　棱锥体及其三视图
(a)正三棱形；(b)正四棱形；(c)正五棱形；(d)正六棱锥

画棱锥体的三视图，应先画底面多边形的三面投影，再画锥顶点的三面投影，将锥顶点与底面各顶点的同面投影用直线连接起来，即得棱锥体的三视图。

棱锥体被平行于底面的平面截去其上部，所剩的部分叫做棱锥台，简称棱台，如图3-25所示。其三视图的特征是：一个视图的内外轮廓为两个相似的正多边形（分别反映两个底面的实形。图形内对应角角顶间的连线分别为侧棱线的投影，梯形分别为侧面的投影）；其他两个视图的外形轮廓均为梯形线框（图形内的线为某些侧棱线的投影：四边形线框为某些侧面的投影）。

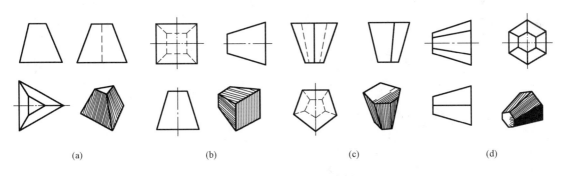

图 3-25　棱锥台及其三视图
(a)正三棱台；(b)正四棱台；(c)正五棱台；(d)正六棱台

二、曲面立体

表面由曲面或平面与曲面构成的形体称为曲面立体。

由一条母线（直线或曲线）围绕轴线回转而形成的表面，称为回转面；由回转面或回转面与平面所围成的立体，称为回转体。圆柱、圆锥、球等都是回转体。

1. 圆柱体

（1）圆柱面的形成　如图3-26(a)所示，圆柱表面由圆柱面和顶、底圆形平面所组成。

圆柱面可看作一条直线 AB 围绕与它平行的轴线 OO 回转而成。OO 称为回转轴，直线 AB 称为母线，母线回转至任意位置时，称为素线。

（2）圆柱体的三视图　图 3-26（b）为圆柱体的投射情况，图 3-26（c）为其三视图。俯视图为一圆线框。由于圆柱轴线为铅垂线，圆柱面上所有素线都是铅垂线，所以其水平投影积聚成一个圆。圆柱体的上、下两底圆均平行于水平面，其水平投影反映实形，为与圆柱面水平投影重合的圆平面。

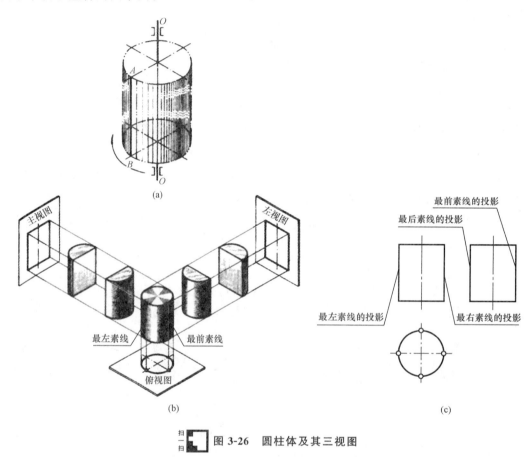

图 3-26　圆柱体及其三视图

(a)圆柱面的形成；(b)圆柱体的投射情况；(c)圆柱体的三视图

主视图的矩形表示圆柱面的投影，其上、下两边分别为上、下底面的积聚性投影；左、右两边分别为圆柱面最左、最右素线的投影，这两条素线的水平投影积聚成两个点，其侧面投影与轴线的侧面投影重合。最左、最右素线将圆柱面分为前、后两半，是圆柱面由前向后的转向线，也是圆柱面在正面投影中可见与不可见部分的分界线，如图 3-26（b）所示。

左视图的矩形线框可与主视图的矩形线框作类似的分析。

综上所述，可总结出圆柱的形体特征：它由两个相等的圆底面和一个与其垂直的圆柱面所围成;其三视图的特征是:一个视图为圆,其他两个视图均为相等的矩形线框。

画圆柱体的三视图时,一般先画圆,再根据圆柱体的高度和投影规律画出其他两视图。

(3)圆柱体表面上的点 如图 3-27 所示,已知圆柱上点 M 的正面投影 m',求 m 和 m''

由于圆柱的轴线为侧垂线,圆柱面上所有素线均是平行于轴线的侧垂线,其圆柱面的侧面投影积聚成一个圆,所以点 M 的侧面投影一定重影在圆周上。据此,作图时应先求出 m'',再由 m' 和 m'' 求出 m。因点 M 位于圆柱的上表面,所以其水平投影 m 为可见。

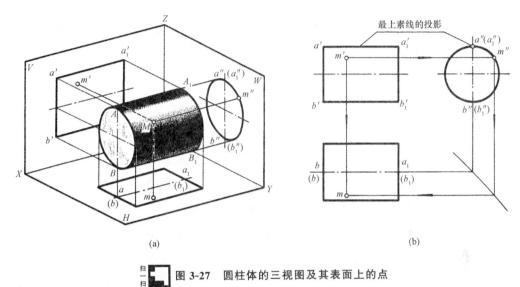

图 3-27 圆柱体的三视图及其表面上的点

2. 圆锥体

(1)圆锥面的形成 如图 3-28(a)所示,圆锥面可看作是一条直母线 SA 围绕和它相交的轴线 OO 回转而成。

(2)圆锥体的三视图 图 3-28(b)所示为一圆锥体的投射情况,图 3-28(c)为该圆锥体的三视图。由于圆锥轴线为铅垂线,底面为水平面,所以它的水平投影为一圆,反映底面的实形,同时也表示圆锥面的投影。

主视图、左视图均为等腰三角形,其下边均为圆锥底面的积聚性投影。主视图中三角形的左、右两边,分别表示圆锥面最左、最右素线的投影(反映实长),它们是圆锥面的正面投影可见与不可见的分界线;左视图中三角形的两边,分别表示圆锥面最前、最后素线的投影(反映实长),它们是圆锥面的侧面投影可见与不可见的分界线。

圆锥的形体特征是:它由一个圆底面和一个锥顶位于与底面相垂直的中心轴线上的圆锥面所围成;其三视图的特征是:一个视图为圆,其他两视图均为相等的等腰三角形。

画圆锥体的三视图时,应先画底圆及顶点的各投影,再画出四条特殊位置素线的投影。

模块三　投影作图

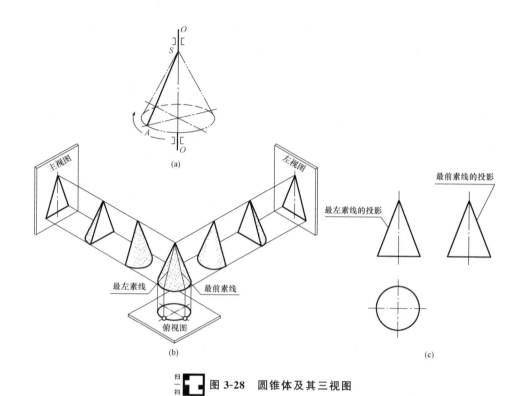

图 3-28　圆锥体及其三视图

(a)圆锥面的形成；(b)圆锥体的投射情况；(c)圆锥体的三视图

(3)圆锥体表面上的点　如图 3-29 所示，已知圆锥体表面上点 M 的正面投影 m'，求 m 和 m''。根据 M 的位置和可见性，可判定 M 在前、左圆锥面上，因此，点 M 的三面投影均为可见。

作图可采用如下两种方法：

①辅助素线法：如图 3-29(a)所示，过锥顶 S 和点 M 作一辅助素线 SI，即在图 2-29(b)中连接 $s'm'$，并延长到与底面的正面投影相交于 $1'$，求得 $s1$ 和 $s''1''$；再由 m' 根据点在线上的投影规律求出 m 和 m''。

②辅助圆法：如图 3-29(a)所示，过点 M 在圆锥面上作垂直于圆锥轴线的水平辅助圆（该圆的正面投影积聚为一直线），即过 m' 所作的 $2'3'$ 的水平投影为一直径等于 $2'3'$ 的圆，圆心为 s，由 m' 作 OX 轴的垂线，与辅助圆的交点即为 m。再根据 m' 和 m 求出 m''，如图 3-29(c)所示。

圆锥体被平行于其底面的平面截去其上部，所剩的部分叫做圆锥台，简称圆台。如图 3-30 所示，其三视图的特征是：一个视图为两个同心圆（分别反映两个底面的实形，两圆之间的部分表示圆台面的投影）；其他两个视图均为相等的等腰梯形[如图 3-30(b)]俯视图的左、右两腰分别为圆台面最左、最右素线的投影，左视图的上、下两腰分别为圆台面最上、最下素线的投影，梯形的两底分别为两个底面的积聚性投影。

· 54 ·

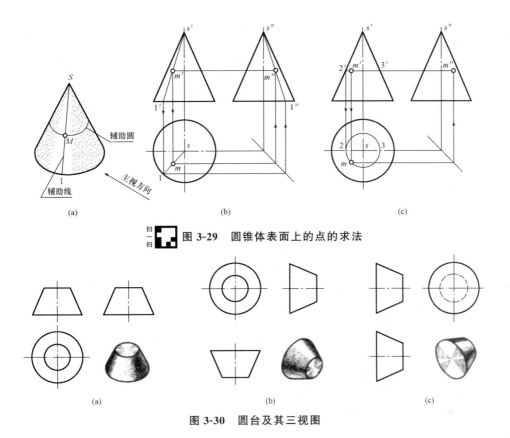

图 3-29　圆锥体表面上的点的求法

图 3-30　圆台及其三视图

3. 球

(1) 球面的形成　如图 3-31(a) 所示，球面可看做一个圆围绕过圆心的固定轴线 OO 回转而成，此圆 A 的母线，母线任意位置即为素线。

(2) 球的三视图　图 3-31(b) 所示为球的投射情况，图 3-31(c) 为球的三视图。它们都是与球直径相等的圆，均表示球面的投影。球的各个投影虽然都是圆，但各个圆的意义却不相同。主视图中的圆是平行于 V 面的圆素线 I（前、后半球的分界线，球面正面投影可见与不可见的分界线）的投影，俯视图中的圆，是平行于 H 面的圆素线 II 的投影；左视图中的圆，是平行于 W 面的圆素线 III 的投影。这三条圆素线的其他两面投影，都与圆的相应中心线重合，如图 3-31(b)，图 3-31(c) 所示。

(3) 球表面上的点　如图 3-32(a) 所示，已知圆球面上点 M 的水平投影 m，求其他两面投影。根据 M 的位置和可见性，可判定点 M 在前半球的左上部分，因此点 M 的三面投影均为可见。

作图应采用辅助圆法。即过点 M 在球面上作一平行于正面的辅助圆（也可作平行于水平面或侧面的圆）。因点在辅助圆上，故点的投影必在辅助圆的同面投影上。

作图时，先在水平投影中过 m 作 ef∥OX，ef 为辅助圆在水平投影面上的积聚性投影，再画正面投影为直径等于 ef 的圆，由 m 作 OX 轴的垂线，其与辅助圆正面投影的交点（因 m 可见，应取上面的交点）即为 m'，再由 m、m' 求得 m″，如图 3-32(b) 所示。

模块三　投影作图

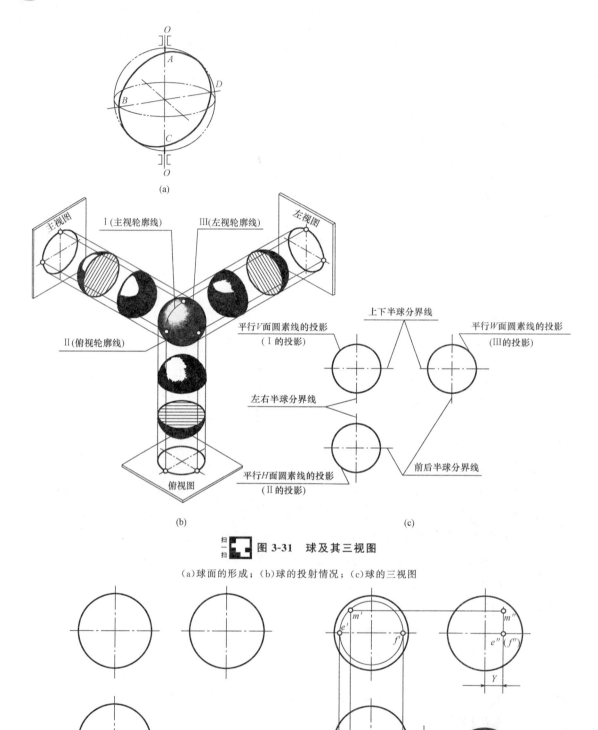

图 3-31　球及其三视图

(a)球面的形成；(b)球的投射情况；(c)球的三视图

图 3-32　圆球体表面上的点

4. 圆环

如图 3-33(a)所示，圆环面可看作由一圆母线，绕一与圆平面共面但不通过圆心的轴线回转而成。

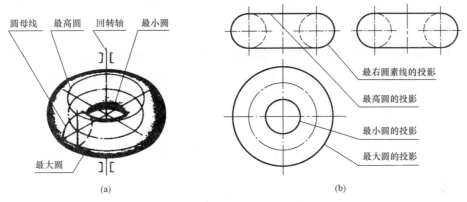

图 3-33　圆环面的形成及其视图分析

如图 3-33(b)所示，其三视图的特征是：一个视图为两个同心圆（分别为最大、最小圆的投影，两圆之间的部分为圆环面的投影，这两个圆也是圆环上、下表面的分界线）；其他两个视图的外轮廓均为长圆形（它们都是圆环面的投影）。主视图中的两个小圆，分别是平行于 V 面的最左、最右圆素线的投影，也是圆环前、后表面的分界线。圆的上、下两条公切线，分别为圆环最高圆和最低圆的投影。

5. 不完整的几何体

几何体作为物体的组成部分不都是完整的，也并非总是直立的。多看、多画些形体不完整、方位多变的几何体及其三视图，熟悉它们的形象，对提高看图能力非常有益。下面给出了多种形式的不完整回转体及其三视图，如图 3-34 所示。

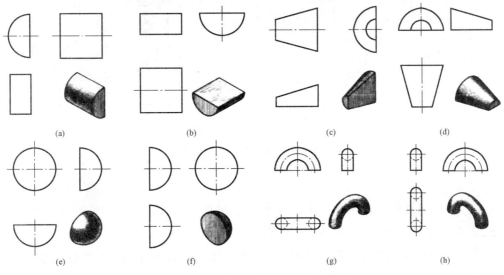

图 3-34　二分之一回转体及其三视图

阅读回转体的三视图时，应先看具有特征形状的视图，即先看具有圆（或其一部分）的视图，再看其他两视图。应当指出，与看完整几何体的三视图相比，这类图形并不容易看懂。因此，看图时要根据三视图的外形轮廓线，先分析它是哪种回转体，属于哪一部分，处在什么位置，再将它归属于完整的回转体及其三视图之中，并找准其具体位置。这样，在整体的影射、提示下进行局部想象，往往会收到很好的效果。

在看物记图、看图想物的过程中，不应忽略图中的细点画线。它往往是物体对称中心面、回转体轴线的投影或圆的中心线，在图形中起着基准或定位的重要作用。

项目七　轴测图

一、概述

下面以一立方体为例，说明正等测图是怎样得来的。

图 3-35(a)中，当立方体的正面平行于轴测投影面时，立方体的投影是个正方形。如将立方体按图示的位置平转 45°，即变成图 3-35(b)中的情形，这时所得到的投影是两个相连的长方形。再将立方体向正前方旋转约 35°，就变成了图 3-35(c)中的情形。这时立方体的三根坐标轴与轴测投影面都倾斜成相同的角度，所得到的投影是由三个全等的菱形构成的图形，这就是立方体的正等测，将其单独画出来，如图 3-35(d)所示。

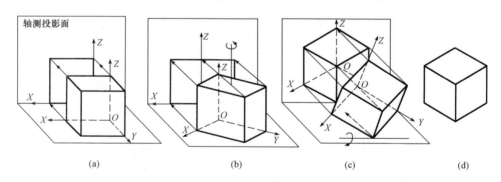

图 3-35　正等测的形成

(a)由前向后投射；(b)平转 45°后投射；
(c)向前旋转 35°后投射；(d)正等测图

为加深理解轴测图的由来，可拿实物按上述"转法"向正前方平视（投射），轴测图的形象就出来了。懂得这个道理，对画轴测图会有启发。

将物体连同其直角坐标体系，沿不平行于任一坐标平面的方向，用平行投影法将其投射在单一投影面上所得到的图形,称为轴测投影(或轴测图)。

由于用轴测图可表达物体的三维形象,比正投影图直观,工程上常把它作为辅助性的图样来使用。此外,会画轴测图(尤其是勾画轴测草图)将对看图有很大帮助。

二、轴测图的基本知识

如图 3-36 所示为一四棱柱的三视图。图 3-37(a)为该四棱柱的正等轴测图,简称正等测;图 3-37(b)为该四棱柱的斜二等轴测图,简称斜二测。

通过比较难发现,三视图与轴测图是有一定关系的,其主要异同点如下。

(1)图形的数量不同　视图是多面投影图,每个视图只能反映物体长、宽、高三个尺度中的两个。轴测图则是单面投影图,它能同时反映出物体长、宽、高的三个尺度,所以具有立体感。

(2)两轴间的夹角不同　视图中的三根投影轴 X、Y、Z 互相垂直,两轴之间的夹角均为 $90°$。正等测中,两轴(称为轴测轴)之间的夹角(称为轴间角)均为 $120°$,如图 3-37(a)所示,斜二测中,两轴测轴之间的夹角则分别为 $90°$ 和 $135°$,如图 3-37(b)所示。

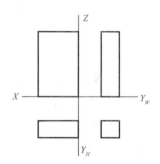

图 3-36　三视图

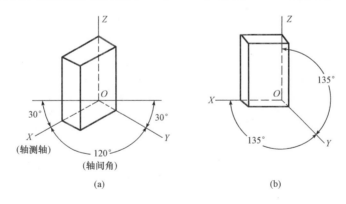

(a)　　　　　　　　(b)

图 3-37　轴测图

(a)正等测;(b)斜二测

(3)线段的平行关系相同　物体上平行于坐标轴的线段,在三视图中仍平行于相应的投影轴,在轴测图中也平行于相应的轴测轴,如图 3-36、图 3-37 所示;物体上互相平行的线段(如 $AB /\!/ CD$)在三视图和轴测图中仍互相平行,如图 3-38(a),图 3-38(c)所示。

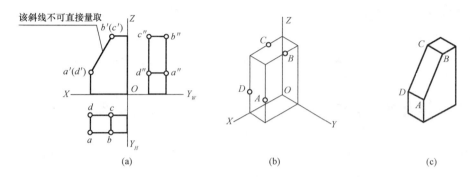

图 3-38 物体上"斜线"及"平行线"的轴测图画法

(a)三视图;(b)先定点;(c)再连线

由此可知,依据三视图画轴测图时,只要抓住与投影轴平行的线段可沿轴向对应取至于轴测图中这一基本性质,轴测图就不难画出了(斜二测中,与 Y 轴平行的线段,取其长度的1/2)。但必须指出,三视图中与投影轴倾斜的线段[如图 3-38(a)中 $a'b'$、$c'd'$]不可直接量取,只能依据该斜线两个端点的坐标先定点,再连线,其作图过程如图 3-38(b)、图 3-38(c)所示。

模块四 立体表面的交线

在机件上常见到一些交线。在这些交线中,有的是平面与立体表面相交而产生的交线——截交线,如图 4-1(a)、图 4-1(b)所示;有的是两立体表面相交而形成的交线——相贯线,如图 4-1(c)、图 4-1(d)所示。了解这些交线的性质并掌握交线的画法,将有助于正确地表达机件的结构形状,也便于读图时对机件进行形体分析。

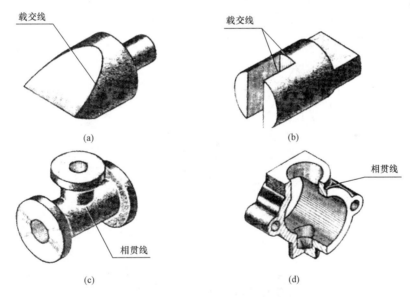

图 4-1 截交线与相贯线的实例
(a)触头;(b)接头;(c)三通管;(d)阀体

项目一 截交线

平面与立体表面的交线称截交线,截交线所围成的平面图形为截断面。如图 4-2 所示的三棱椎被平面 Q 截切,其交线 $ABCA$ 即为截交线,截切立体的平面 Q 为截平面。

截交线具有以下两个基本性质。

1. 封闭性

由于立体都具有一定的范围，因此截交线为封闭的平面图形。

2. 共有性

因为截交线是截平面切割立体所得，截交线既属于截平面，又属于立体表面，因此截交线为截平面与立体表面的共有线。

求作截交线的实质，就是求截平面与立体表面的一系列共有点的集合。

一、平面立体的截交线

当平面与平面立体相交时，其截交线为封闭的平面多边形，如图 4-2 所示。截交线 $ABCA$ 为三角形，其各边为三棱锥各侧面与截平面 Q 的交线，交线的端点是棱锥上各棱线与截平面 Q 的交点。因此，求平面与平面立体的截交线只要求出各棱线与截平面 Q 的交点，然后依次连接即得所求。

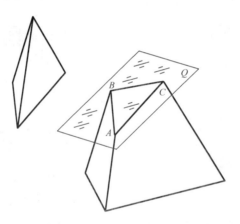

图 4-2 截断体与截交线

例 1 如图 4-3 所示，求正垂面 P 与正四棱锥的截交线。

分析：由图 4-3(a)可知，四棱锥被正垂面 P 所截，显然截交线是四边形，其四个顶点分别是四条侧棱与截平面的交点。这样，只要分别求出这四个顶点的各面投影，然后依次连接该四点的同面投影，即得所求截交线的投影。

如图 4-3(b)所示，作图步骤如下。

①由于正垂面 P 与 V 面垂直，截交线上四点（a'、b'、c'、d'）的正面投影可根据其积聚性求得。

②通过正面投影按投影规律求出水平投影 a、b、c、d 和侧面投影 a''、b''、c''、d''。

③依次连接该四点的同面投影，即得所求截交线的投影。

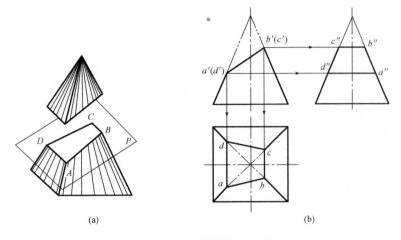

图 4-3 求四棱锥的截交线

二、曲面立体的截交线

1. 圆柱的截交线

当平面与圆柱相交时,由于平面与圆柱的相对位置不同,截交线形状有三种情况,见表 4-1。

① 当截平面与圆柱轴线平行时,截交线形状为矩形。
② 当截平面与圆柱轴线垂直时,截交线形为圆。
③ 当截平面与圆柱轴线倾斜时,截交线为椭圆。

表 4-1 圆柱的截交线

截平面位置	平行于轴线	垂直于轴线	倾斜于轴线
截交线形状	矩形	圆	椭圆
立体图			
投影图			

例2 如图4-4所示,求正垂面与圆柱的截交线。

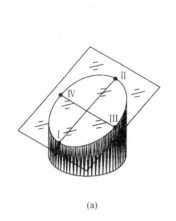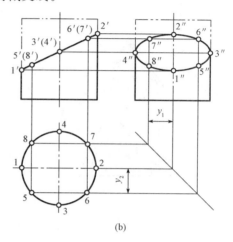

图4-4 斜截圆柱的截交线
(a)轴测图;(b)投影图

分析:由图4-4(a)可知,截交线为椭圆。由于是正垂面截切圆柱,截交线在V面上的投影积聚成一直线,又由于截交线是截平面与圆柱面的共有线,在H面上的投影即为圆柱面的投影,在W面上的投影为椭圆(类似形)。这样,截交线的正面投影和水平投影可直接得出,侧面投影可按点的投影规律求得。

如图4-4(b)所示,作图步骤如下。

①求特殊点。特殊点是指截交线上的最高、最低点,最左、最右点,最前、最后点,可见与不可见的分界点,投影轮廓线上的点等。图中Ⅰ、Ⅱ为最低、最高点,也是最左、最右点,也是空间椭圆长轴的两端点,图中Ⅲ、Ⅳ为最前、最后点,也是空间椭圆短轴的两端点。其正面投影为1′、2′、3′、4′,水平投影为1、2、3、4,侧面投影为,1″、2″、3″、4″。

②求一般点。为作图准确一些,需补充四个点Ⅴ、Ⅳ、Ⅶ、Ⅷ。先在正面上取5′、6′、7′、8′,其中5′、8′为重影点,6′、7′为重影点。再利用积聚性通过正面投影求水平面投影5、6、7、8,最后按点的投影规律求出侧面投影5″、6″、7″、8″。

③依次连接1″、5″、3″、6″、2″、7″、4″、8″、1″,即得截交线的侧面投影。

例3 如图4-5(a)的轴测图所示,作出专用垫圈的三视图。

分析:由图4-5(a)可知专用垫圈是一个带圆孔和左右两侧被切割的圆柱体,左右两侧各被一个水平面和一个侧平面截切。在主视图中,四个平面均积聚成直线;在俯视图中,两侧平面积聚成直线,两水平面为带圆弧的平面图形且反映实形;在左视图中,水平面积聚成直线,两侧平面为矩形且反映实形。

如图4-5(b)所示,作图步骤如下:先画主视图和俯视图,然后按投影规律画出左视图,最后作出圆孔的投影。

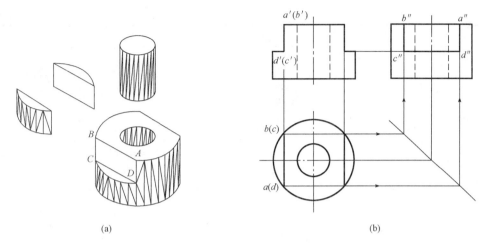

(a)   (b)

图 4-5　专用垫圈视图

2. 圆锥的截交线

由于平面与圆锥的相对位置不同，圆锥截交线的形状有五种情况，见表 4-2。

表 4-2　圆锥的截交线

截平面位置	截交线的形状	立体图	投影图
与轴线垂直	圆		
倾斜于轴线	椭圆		
平行于任一素线	抛物线		

续表

截平面位置	截交线的形状	立体图	投影图
平行于轴线	双曲线		
过锥顶	三角形		

当截交线为三角形或圆时，其投影可直接画出，当截交线为椭圆、抛物线、双曲线时，则要用辅助平面法求解。

辅助平面法：作一些辅助平面既与圆锥面相交，又与截平面相交，其所得两交线的交点即为截交线上的点。这是根据三面共点的几何原理得来的，如图 4-6 所示，一铅垂面截切圆锥，现采用一水平面为辅助平面与截平面和圆锥相交，得三面相交的交点 D、E，即为所求截交线上的点。

例 4 如图 4-7(a)所示，求侧平面与圆锥的截交线。

分析：由于侧平面与圆锥的轴线平行，故截交线的形状为双曲线，其正面投影和水平投影积聚为一直线，侧面投影为双曲线且反映实形。因此只需作侧面投影。

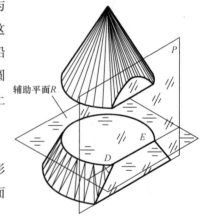

图 4-6 辅助平面法

如图 4-7(b)所示，作图步骤如下。

① 求特殊点。由最高点 I 和最低点 II、III 的正面投影 $1'$、$2'$、$3'$ 与水平投影 1、2、3 求出侧面投影 $1''$、$2''$、$3''$。

② 求一般点。在最高、最低点之间利用辅助平面法求适当数量的一般点，如点 IV、点 V。在主视图中作辅助水平面 P 的正面迹线 P_V，定出其正面投影 $4'(5')$，它们为重影点；再作出辅助平面的水平投影——圆，该圆与侧平面的积聚投影之交点为 4、5；最后由点的投影规律求出侧面投影 $4''$、$5''$。

③依次连接各点得所求截交线。

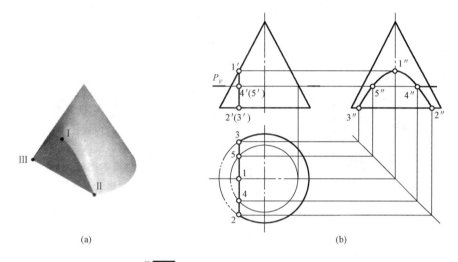

图 4-7 侧平面与圆锥相交

(a)立体图；(b)投影图

3. 圆球的截交线

圆球被任意方向的平面截切，其截交线都为圆。当截平面与投影面平行时，截交线在相应的投影面上的投影为圆，其他情况下一般为椭圆，如图 4-8 所示。

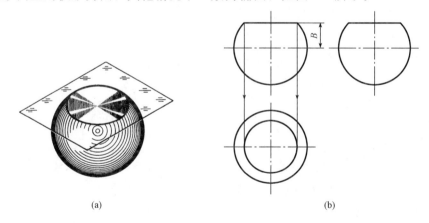

图 4-8 球被水平面截切的三视图画法

例 5 如图 4-9(a)所示，由球阀芯的立体图画投影图。

分析：球阀芯的主体为圆球，中心有一圆柱通孔，左、右两端被切割成平面，上部正中开有一凹槽，供操纵旋转阀芯用。凹槽是由两个侧平面和一个水平面切割圆球而成，左右两端亦被侧平面切割，所以，其截交线均为圆或圆弧。

如图 4-9(b)所示，作图步骤如下：

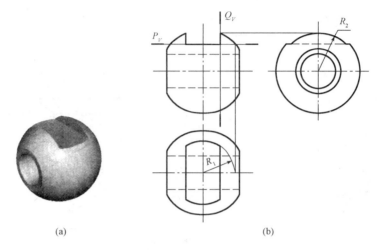

图 4-9 球阀芯的视图

① 该球阀所有平面在正面投影中均积聚为直线，故先画出主视图。

② 画出俯视图和左视图中的主体圆，再画出俯视图中两端面的投影。

③ 画槽的投影：先根据积聚性投影向其他两视图作出延长线，然后过槽底作辅助平面 P，在正面投影中作出其迹线 P_V，由它与主体圆的交点可得槽底的水平投影圆弧半径 R_1，再过槽的侧面作辅助平面 Q，在正面投影中作出其迹线 Q_V，由它与主体圆的交点可得槽的侧面投影圆弧半径 R_2。

项目二　相贯线

两立体相交，在其表面上产生的交线称为相贯线，如图 4-1(c)、图 4-1(d) 所示。相贯线具有如下两个基本性质。

(1) 共有性　相贯线是两回转体表面的共有线，相贯线上的点是两回转体表面上的共有点。

(2) 封闭性　相贯线一般为封闭的空间曲线，特殊情况下是平面曲线或直线。

根据相贯线的性质，求相贯线的问题，实际上就可归结为求作两相贯体表面上一系列共有点的问题。按照在体表面上求点的方法，即可求出相贯线的投影。

一、正交两圆柱的相贯线画法

两个直径不相等的圆柱正交，相贯线是一条封闭的空间曲线。如果两圆柱的轴线分别垂直于相应的投影面，其投影可利用圆柱面投影的积聚性，运用表面求点法求出。

例 6　如图 4-10(a) 所示，画出两正交圆柱体的三视图。

分析 由图 4-10(a)、图 4-10(b)可以看出，两圆柱的轴线垂直正交，小圆柱面的水平投影和大圆柱面的侧面投影都有积聚性，相贯线的水平投影和侧面投影分别与两圆柱的积聚性投影重合，两圆柱面的正面投影都没有积聚性，故只需求出相贯线的正面投影。

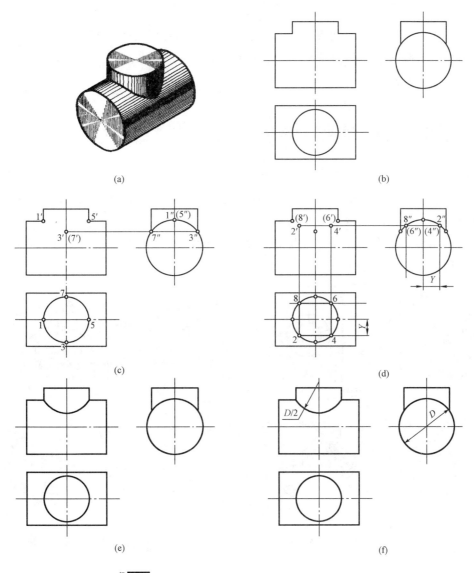

图 4-10 两圆柱轴线正交相贯线的画法

作图 具体方法步骤如下。

(1)求特殊点。相贯线上的特殊点主要是处在相贯体转向轮廓线上的点，如图 4-10(c)所示：小圆柱与大圆柱的正面轮廓线交点 1′、5′是相贯线上的最左、最右(也是最高)点，其投影可直接定出；小圆柱的侧面轮廓线与大圆柱面的交点 3″、7″是相贯线上的最前、最后(也是最低)点。根据 3″、7″和 3、7 可求出正面投影 3′(7′)。

模块四 立体表面的交线

(2) 求一般点。在小圆柱的水平投影中取 2、4、6、8 四点[图 4-10(d)]，作出其侧面投影 2″、(4″)、(6″)、8″，再求出正面投影 2′、4′、(6′)、(8′)。

(3) 顺次光滑地连接点 1′、2′、3′、…，即得相贯线的正面投影，如图 4-10(e)所示。

两圆柱垂直正交的相贯情况，在工程实践中经常遇到。为了简化作图，在一般情况下，只需用近似画法画出其相贯线的投影即可，其画法是：以图中大圆柱的半径为半径画弧，如图 4-10(f)所示。

二、开孔圆柱体的相贯线画法

如图 4-11 所示，当在圆筒上钻有圆孔时，右侧孔与圆筒外表面及内表面均有相贯线，而左侧孔则只与内表面有相贯线。在内表面产生的交线，称为内相贯线。内相贯线与外相贯线的画法相同。在图示情况下，内相贯线的投影应以大圆柱内孔的半径为半径画弧而得，且因该相贯线的投影不可见而画成细虚线。图 4-12 为在圆柱体上开圆孔的相贯线的投影，是用近似画法画出的。

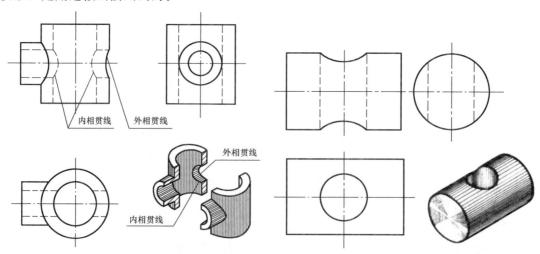

图 4-11 在圆筒上开通孔的画法　　图 4-12 在圆柱体上开圆孔的画法

三、相贯线的特殊情况

两回转体相交，在一般情况下，表面交线为空间曲线。但在特殊情况下，其表面交线则为平面曲线或直线，如图 4-13 所示，特举如下几例，其中：

(a) 图为直径相等的两个圆柱正交，其相贯线为大小相等的两个椭圆。

(b) 图为圆柱与圆球同轴相交，其相贯线为一个圆。

(c)图为圆柱与圆锥正交且公切于一球面,其相贯线为一椭圆。

(d)图为轴线互相平行的两圆柱相交,其相贯线是两条平行于轴线的直线。

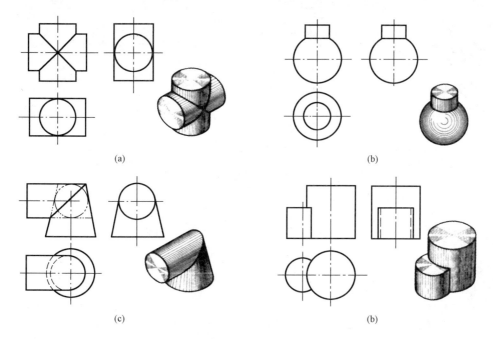

图 4-13 相贯线为非空间曲线的示例

模块五 组合体

项目一 组合体的组合形式

由两个或两个以上基本几何体所组成的物体,称为组合体。

一、形体分析法

任何复杂的物体,都可看成是由若干个基本几何体组合而成的。如图5-1(a)所示的轴承座,可看成是由两个尺寸不同的四棱柱、一个半圆柱和两个肋板[图5-1(b)]叠加起来后,再切出一个大圆柱体和四个小圆柱体而成的,如图5-1(c)所示。既然如此,画组合体的视图时,就可采用"先分后合"的方法。就是说,先在想象中把组合体分解成若干个基本几何体,然后按其相对位置逐个画出各基本几何体的投影,综合起来即得到整个组合体的视图。这种通过分析将物体分解成若干个基本几何体,并弄清它们之间相对位置和组合形式的方法,叫作形体分析法。

二、组合体的组合形式

组合体的组合形式,一般可分为叠加、相切、相交和切割等四种。

1. 叠加

如图5-2、图5-3所示物体均由底板和立板等组成,属于叠加。
画图时应注意两形体前表面接触处的画法。
①当两形体的表面不平齐时,中间必画线,如图5-2(a)主视图所示。
②当两形体的表面平齐时,中间不画线,如图5-3(a)主视图所示。

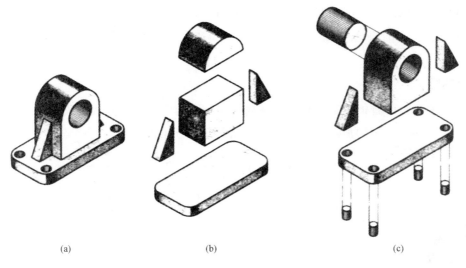

图 5-1 轴承座的形体分析

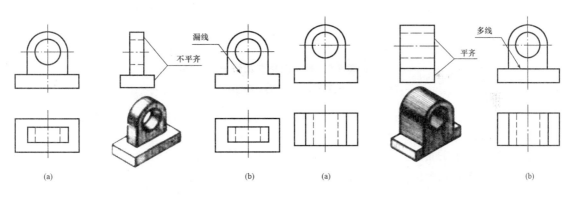

图 5-2 叠加画法(一)　　　图 5-3 叠加画法(二)

2. 相切

图 5-4(a)所示的物体，其耳板前后两平面与圆筒表面光滑连接，属于相切。

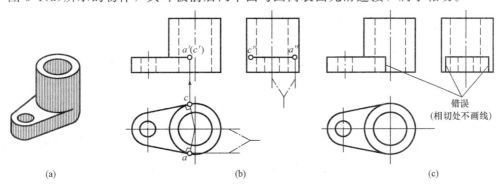

图 5-4 相切的特点及画法

相切处的画法，应注意以下两点。

①两体表面的相切处不画线，如图 5-4(b)所示。

②耳板上表面的投影应画至切点处，如图 5-4 所示。(主视图画至 a'，左视图画至 a''、c'')。

3. 相交

图 5-5(a)所示的物体，其耳板与圆柱属于相交。两体相交，其表面交线(相贯线)的投影必须画出，如图 5-5(b)所示。图 5-5(c)的错误是漏画了线。

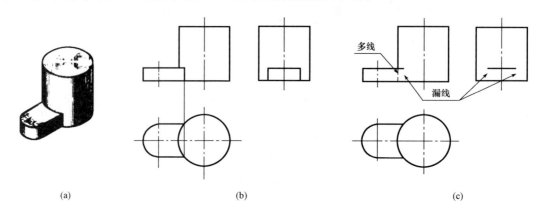

图 5-5 相交的特点及画法

(a)轴测图；(b)正确；(c)错误

4. 切割

图 5-6(a)所示的物体，可看成是长方体经切割而形成的[图 5-6(b)]。画切割体视图的关键是求截交线及切割面之间交线的投影，如图 5-6(c)、图 5-6(d)所示。

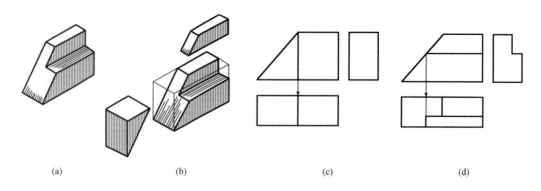

图 5-6 切割型组合体的画法

当然，在实际画图时，往往会遇到一个物体上同时存在几种组合形式的情况，这就要求我们善于观察和正确地运用形体分析法作图。无论物体的结构怎样复杂，但相邻两形体之间的组合形式仍旧是单一的。

项目二　组合体的尺寸标注

视图只能表达物体的形状，而要表示它的大小，则必须通过尺寸来确定。

一、简单体的尺寸标注

1. 几何体的尺寸注法

如图 5-7 所示，几何体一般应标注长、宽、高三个方向的尺寸[图 5-7(a)]；正棱锥台两底面正方形的尺寸也可只注一个边长，但须在尺寸数字前加注符号"□"[图 5-7(b)]；正棱柱、棱锥也可标注其底的外接圆直径和高[图 5-7(c)]；圆柱、圆锥台等应注出高和底圆直径，如在直径尺寸前加注"ϕ"[图 5-7(d)，图 5-7(e)]，圆球在直径尺寸前加注"$S\phi$"，只用一个视图就可将其形状和大小表示清楚[图 5-7(f)]。

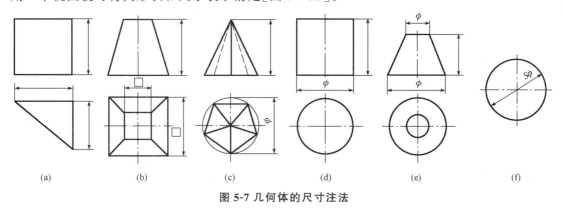

图 5-7　几何体的尺寸注法

2. 带切口、凹槽几何体的尺寸注法

如图 5-8 所示，除了标注几何体长、宽、高三个方向的尺寸外，还应标注切口的位置尺寸或凹槽的定形尺寸和定位尺寸(带括号的尺寸为参考尺寸)。

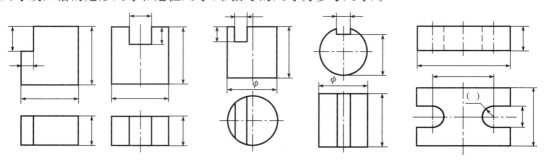

图 5-8　带切口和凹槽几何体的尺寸注法

3. 截断体与相贯体的尺寸注法

如图 5-9 所示，截断体除了注出基本形体的尺寸外，还应注出截平面的位置尺寸[图 5-9(a)、图 5-9(b)]；相贯体除了注出相贯两基本形体的尺寸外，还应注出两相贯体的相对位置尺寸[图 5-9(c)、5-9(d)]。由于截交线和相贯线都是生产时形成的，所以对其都不直接注出尺寸(见图中打叉或注明者。)

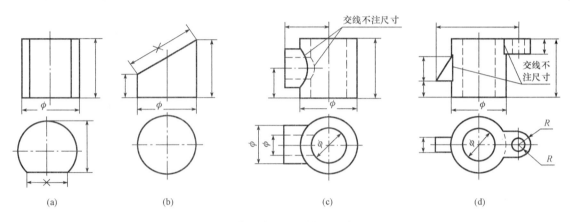

图 5-9 截断体和相贯体的尺寸注法

二、组合体的尺寸标注

1. 尺寸种类

为了将尺寸标注得完整，在组合体视图上，一般需标注下列三种尺 1 寸。
①定形尺寸确定组合体各组成部分的长、宽、高三个方向的大小尺寸。
②定位尺寸表示组合体各组成部分相对位置的尺寸。
③总体尺寸表示组合体外形大小的总长、总宽、总高的尺寸。
下面，以轴承座的三视图为例，说明上述三类尺寸的标注方法。

①如图 5-10 所示，按形体分析法，将组合体分解为若干个组成部分，然后逐个注出各组成部分的定形尺寸。如图 5-10(a)中确定空心圆柱的大小，应标注外径 $\phi22$、孔径 $\phi14$ 和长度 24 这三个尺寸。底板的大小，应标注长 60、宽 22、高 6 这三个尺寸。其他尺寸的标注如图 5-10(a)所示。

②标注确定各组成部分相对位置的定位尺寸。图 5-10(b)中空心圆柱与底板的相对位置，需标注轴线距底板底面的高 32 和空心圆柱在支承板的后面伸出的长 6 这两个尺寸。底板上的两个 $\phi6$ 孔的相对位置，应标注 48 和 16 这两个尺寸。

③标注总体尺寸。如图 5-10(b)所示，底板的长度 60 即为轴承座的总长。总宽由底板宽 22 和支承板后面伸出的长 6 决定。总高由空心圆柱轴线高 32 加上空心圆柱直径的一半

决定，三个总体尺寸已全。在这种情况下，总高是不直接注出的，即组合体的一端或两端为回转体时，必须采用这种标注形式，否则就会出现重复尺寸。

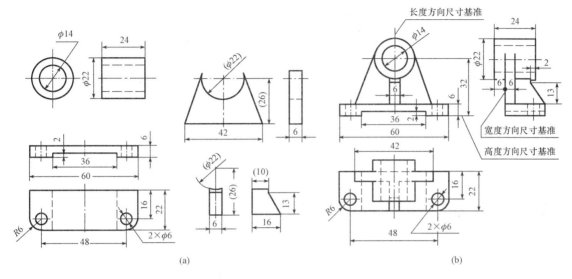

图 5-10 轴承座尺寸标注

2. 尺寸基准

所谓尺寸基准，就是标注尺寸的起点。关于基准的确定，一般可选组合体的对称平面、底面、重要端面以及回转体的轴线等作为尺寸基准。

如图 5-11 所示，轴承座的尺寸基准是：以左右对称面为长度方向的基准；以底板和支承板的后面作为宽度方向的基准；以底板的底面作为高度方向的基准。

基准选定后，各方向的主要尺寸就应从相应的尺寸基准进行标注。如图 5-10b 所示，主、

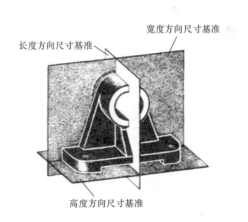

图 5-11 轴承座的尺寸基准

俯视图中的 6、36、48、60 是从长度方向的基准进行标注的；俯、左视图中的 16、22、6、6 是从宽度方向的基准进行标注的；主、左视图中的 2、6、32 是从高度方向的基准进行标注的。

3. 标注尺寸的注意事项

所注尺寸必须完整、清晰。要达到完整的要求，就须透彻地分析物体的结构形状，明确各组成部分之间的相对位置，然后一部分一部分地注出定形尺寸和定位尺寸。标注时，要从

模块五 组合体

长、宽、高三个方向考虑。检查时，也要从这三个方向检查尺寸注得是否齐全。此外，还应注意：

① 各基本形体的定形、定位尺寸不要分散，要尽量集中标注在一个或两个视图上。例如图 5-10b 中底板上两圆孔的定形尺寸 φ6 和定位尺寸 48、16 就集中注在俯视图上。这样集中标注对看图是比较方便的。

② 尺寸应注在表达形体特征最明显的视图上，并尽量避免注在细虚线上。如图 5-10b 中圆筒外径注在左视图上是为了表达它的形体特征，而孔径 φ14 注在主视图上是为了避免在细虚线上标注尺寸的缘故。

③ 为了使图形清晰，应尽量将尺寸注在视图外面，以免尺寸线、数字和轮廓线相交。与两视图有关的尺寸，最好注在两视图之间，以便于看图。

④ 同心圆柱或圆孔的直径尺寸，最好注在非圆的视图上。

项目三 看组合体视图及其画法

一、看组合体视图

看图和画图是学习本课程的两个重要方面。画图是运用正投影法把空间物体表达在平面上，而看图则是运用正投影原理，根据视图想象出空间物体的结构形状。看图的基本方法有形体分析法和线面分析法。通常对于叠加型的以形体分析法为主，挖切型的则以线面分析法为主。要准确、快速地看懂视图，培养空间思维和空间想象能力，必须掌握看图的基本要领和基本方法。

1. 形体分析法

看图时，根据视图的特点，将视图划分成几个线框。每一个线框代表一基本形体的投影，通过投影规律找出各线框在另两视图中的位置。然后逐一想象出各个组成部分的形状和位置，再综合起来想象出整体的结构形状。

下面以图 5-12 为例说明用形体分析法看图的步骤。

(1) 划分线框对投影　根据粗实线将主视图划分为四个线框，然后用对线条的方法（即投影规律），找出每个线框在其他视图中的投影，如图 5-12(a) 所示。通过这样分析后，可以知道该组合体由四个基本部分组成，其中有两个部分（三角形）是一样的。

(2) 分析投影想形状　分析各个部分的三面投影，想象其空间形状，如图 5-12(b)～图 5-12(d) 所示。

（3）综合起来想整体　综合各基本体形状及相对位置，即可看懂视图，如图 5-12(e)～图 5-12(f)所示。

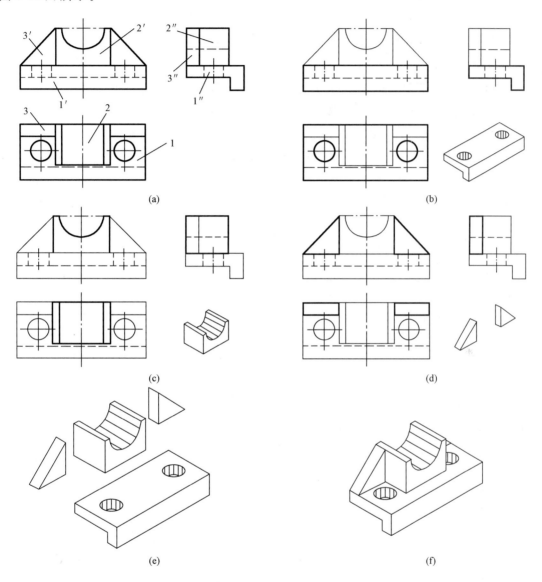

图 5-12　形体分析法看图

2. 线面分析法

线面分析法是运用投影规律，仔细分析视图中的每一条线和每一个封闭的线框所代表的空间形状，从而完全看懂视图。线面分析法尤其适用于以挖切为主的立体。

视图中线面的含义如下。

①视图中的一条线可能代表：两表面的交线或者分界线；回转体的轮廓线；平面或曲

模块五 组合体

面的积聚投影。

②视图中的一个封闭线框可能代表：平面；曲面；平面与曲面相切。

③相邻两封闭的线框可能代表：两个相交或者错开的面。

④线框中的线框可能代表，高低不等或者相交的两个面。

例1 看懂如图5-13所示的三视图。

①概略分析：由于该模型的三视图外框都是矩形，可以看出它是由一个长方体挖切而成。

②将主视图划分为四个线框，逐一进行对投影，如图5-13(a)所示。

通过对投影可知，大线框中的小长方形线框1′的其他两面投影均为直线，所以Ⅰ是正平面，其位置如图5-13(b)所示。L形线框4′也是正平面Ⅳ的投影，位置在最前面，如图5-13(e)所示。

中上的梯形线框2′在俯视图中投影为直线，左视图中为类似形，所以Ⅱ是一个铅垂面，如图5-13(c)所示。中下的梯形线框3′在左视图中投影为直线，俯视图中为类似形，所以Ⅲ是一个侧垂面，如图5-13(d)所示。

③综合以上分析可知，该模型是在一个长方体上挖切去一角，如图5-13(f)所示。

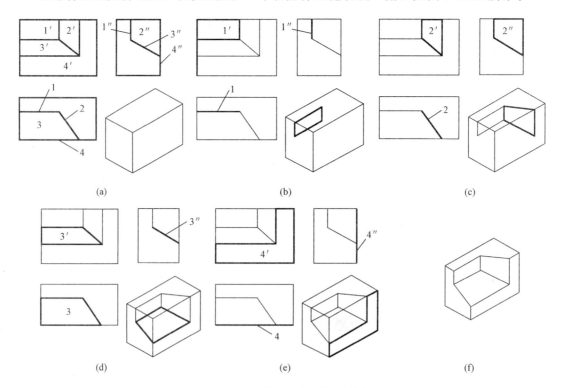

图5-13 挖切模型三视图线面分析

3. 补视图和补缺线

补视图和补缺线是训练看图的一种重要手段。

例 2　如图 5-14(a)所示,已知组合体的主、俯视图,补画第三视图。

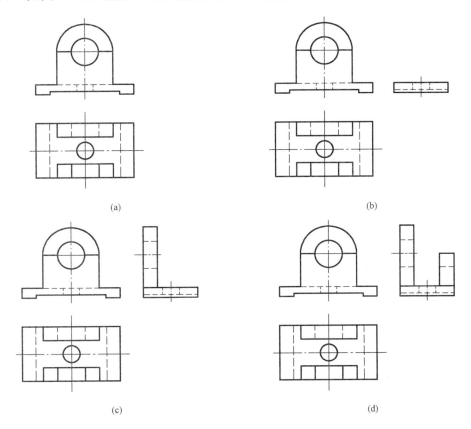

(a)　　　　　　　　　　　　　(b)

(c)　　　　　　　　　　　　　(d)

图 5-14　补画视图

分析:先采用形体分析法从主视图入手,将其划分成三个封闭线框(即将组合体分解成三部分),联系俯视图,想象出它们的空间形状。该组合体三部分为底板、前、后两立板。再分析主视图中虚线与之对应的投影,为底板的顶面和圆孔,俯视图中虚线为底板下方的通槽,短虚线为后立板的圆孔,然后想象整体形状,如图 5-15 所示。

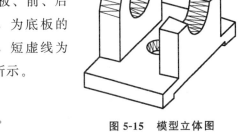

作图步骤:

①补画底板的侧面投影,如图 5-14(b)所示。

②补画后立板的侧面投影,如图 5-14(c)所示。

③补画前立板的侧面投影,如图 5-14(d)所示。

图 5-15　模型立体图

补缺线也要利用形体分析法和线面分析法,读懂已知视图所表达组合体的形状,然后补画视图中所缺图线,使视图表达完整、正确。

二、组合体视图的画法

1. 形体分析

形体分析就是假想将组合体分解成若干个基本形体，然后分析它们的形状、组合形式以及相对位置关系等，以便为画图、标注尺寸做好准备。

如图 5-16 所示，轴承座的形体分析：该轴承座的组合方式为综合式。可将其假想分解成底板、支承板、肋板、圆筒四部分。支承板叠放在底板上，它与底板的后面平齐，支承板两斜面与圆筒外表面相切，圆筒放在支承板和肋板之上，圆筒后面与支承板平齐。肋板两侧面与圆筒相交，支承板和肋板的上方为圆柱面，以便与圆筒的外表面结合，该轴承座在长度方向是对称的。

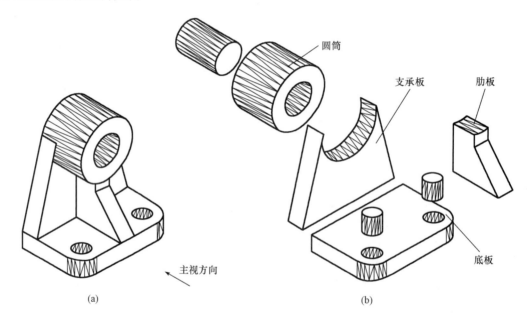

图 5-16 轴承座的形体分析

2. 确定主视图

绘制三视图，首先要确定主视图。主视图一般应选择能够较明显地反映物体形状特征及各组成部分相对位置的方向作投射方向。平整或者形状较简单的放在下面、后面或右面，使图中虚线为最少。按工作位置放置，或者自然放置平稳。还要综合考虑其他视图以及总体布局。所以，本例按图 5-16(a) 所示选择主视图比较合理。

3. 确定比例和图幅

视图确定后，就要根据组合体的大小及复杂程度，选择恰当的比例和图幅。注意所选幅面要使所画视图布局均匀，各视图之间间隔恰当，留有余地标注尺寸，画标题栏等。

4. 作图步骤

①画底稿。根据外形尺寸布置好各视图位置，然后用细实线绘制各视图的底稿，如图 5-17（a）～图 5-17（e）所示。

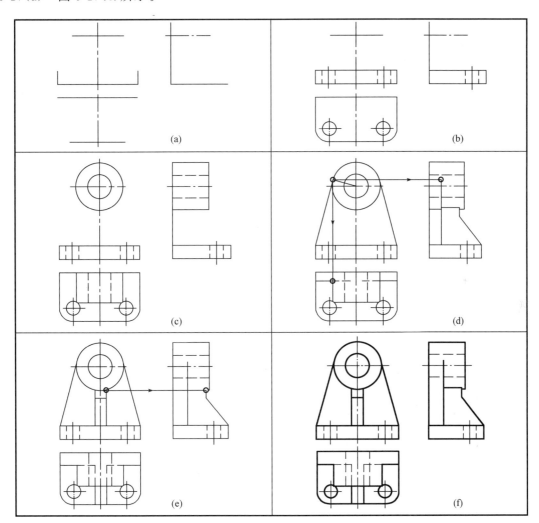

图 5-17　组合体视图作图步骤
(a)画作图基准线；(b)画底板；(c)画圆筒；
(d)画支承板；(e)画肋板；(f)描深加粗

画底稿的注意事项：

- 画出组合体的定位轴线、对称平面的对称中心线或最大形体的轮廓线。
- 画图顺序由大到小，由主要部分到辅助部分，先画可见的，后画不可见的图线。

模块五 组合体

•各组成部分应先画特征视图,然后画其他视图,每一部分的三面视图最好同时绘制。

•要注意各组成部分的表面连接关系以及组合体内部是融为一体的,以避免出现多画线或画线的情况。

②仔细检查底稿确定正确无误后,按规定线型进行加粗描深,结果如图5-17(f)所示。

模块六

机件的表达方法

在生产实际中，机件的结构形状多种多样。为了将机件的内外形状结构完整、清晰、简便、规范地表达出来，国家标准《技术制图》与《机械制图》中规定了各种画法，如视图、剖视、断面、局部放大图等各种表达方法。

项目一　视图

视图（GB/T 14692—2008、GB/T 4458.1—2002）主要用来表达机件的外部结构和形状，一般只画出机件的可见部分，必要时才用细虚线表达其不可见部分。

视图的种类通常有基本视图、向视图、局部视图和斜视图四种。

一、基本视图

如图 6-1 所示，用六面体的六个面作为基本投影面，将机件放在正六面体内，按正投影法分别向各基本投影面投射，所得的视图称为基本视图。除了前述的主视图、俯视图、左视图外，还有从右向左投射所得的右视图，从下向上投射所得的仰视图，从后向前投射所得的后视图。

六个基本投影面的展开方法如图 6-1 所示。

六个基本视图的位置关系见图 6-2(b)。在同一张图纸内照此配置视图时，不必标注视图名称。

如图 6-2(b)所示，六个基本视图之间，仍符合"长对正、高平齐、宽相等"的投影规律。除后视图外，各视图的里侧（靠近主视图的一侧）均表示机件的后面；各视图的外侧（远离主视图的一侧）均表示机件的前面。

二、向视图

向视图是可以自由配置的视图，其画法与基本视图相同。

为了便于读图，向视图必须进行标注。即在向视图的上方标注"×"（"×"为大写拉丁字母），在相应视图的附近用箭头指明投射方向，并标注相同的字母，如图 6-3 所示。

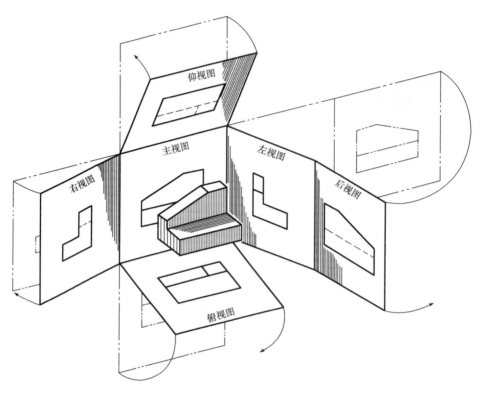

图 6-1 六个基本投影的展开

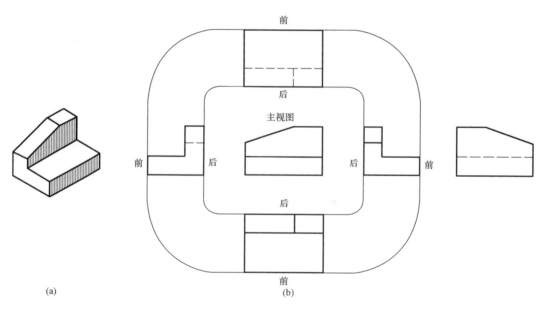

图 6-2 六个基本视图的位置

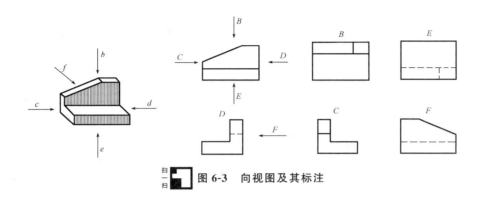

图 6-3 向视图及其标注

画向视图时，应注意以下几点。

①向视图是基本视图的另一种表达方式，是移位配置的基本视图。但只能平移，不可旋转配置。

②向视图不能只画出部分图形，必须完整地画出投射所得的图形。否则，投射所得的局部图形就是局部视图而不是向视图了。

③表示投射方向的箭头尽可能配置在主视图上，以使所获视图与基本视图相一致。表示后视图投射方向的箭头，应配置在左视图或右视图上。

三、局部视图

将物体的某一部分向基本投影面投射所得的视图，称为局部视图。局部视图是不完整的基本视图。可以减少基本视图的数量，补充基本视图尚未表达清楚的部分。

如图 6-4(a)所示的机件，采用主、俯两个基本视图[图 6-4(b)]，其主要结构已表达清楚，但左、右两个凸台的形状不够明晰，若因此再画两个基本视图[图 6-4(c)中上面的左视图和下面的右视图]，则大部分属于重复表达。若只画出基本视图的一部分，即用两个局部视图来表达，如图 6-4(b)所示，则可使图形重点更为突出，左、右凸台的形状更清晰。

1. 局部视图的配置和标注

局部视图可按以下二种形式配置，并进行必要的标注。

①按基本视图的配置形式配置，当与相应的另一视图之间没有其他图形隔开时，则不必标注，如图 6-4(b)中左视图位置上的局部视图。

②按向视图的配置形式配置和标注，如图 6-4(b)中的局部视图 B。

2. 局部视图的画法

局部视图的断裂边界以波浪线(或双折线)表示，如图 6-4(b)中的局部视图(上)。若表示的局部结构是完整的，且外形轮廓成封闭状态时，波浪线可省略不画，如图 6-4(b)中的局部视图 B。

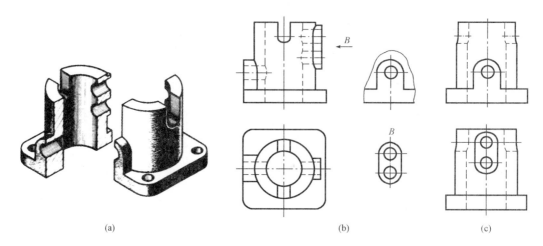

图 6-4　局部视图

四、斜视图

机件向不平行于任何基本投影面的平面投影所得的视图，称为斜视图。

如图 6-5(a)所示，当机件某部分的倾斜结构不平行于任何基本投影面时，在基本视图中不能反映该部分的实形。这时，可选择一个新的辅助投影面(H_1)，使它与机件上倾斜部分平行，且垂直于某一个基本投影面(V)。然后将机件上的倾斜部分向新的辅助投影面投影，再将新投影面，旋转到与其垂直的基本投影面重合的位置，就可得到该部分实形的视图，即斜视图，见图 6-5(b)中 A 视图(C 视图和另一图形均为局部视图)。

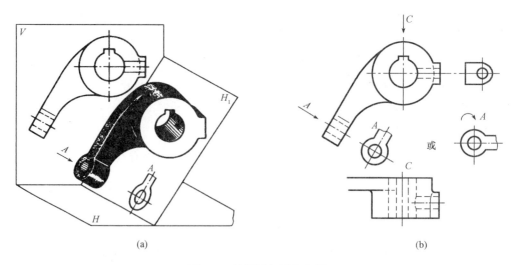

图 6-5　斜视图与局部视图

斜视图通常按向视图的配置形式配置并标注，其断裂边界可用波浪线（或双折线）表示，如图 6-5(b)中 A 视图所示。

必要时，允许将斜视图旋转配置，但需画出旋转符号，如图 6-5(b)中 A 视图所示，表示该视图名称的字母应靠近旋转符号的箭头端，也允许将旋转角度标注在字母之后。斜视图可顺时针旋转或逆时针旋转，但旋转符号的方向要与实际旋转方向一致，以便于看图者识别。

项目二　剖视图

一、剖视图

用假想的剖切平面剖开机件，将处在观察者和剖切面之间的部分移去，而将其余部分向投影面投射所得的图形，称为剖视图，简称剖视，如图 6-6 所示。

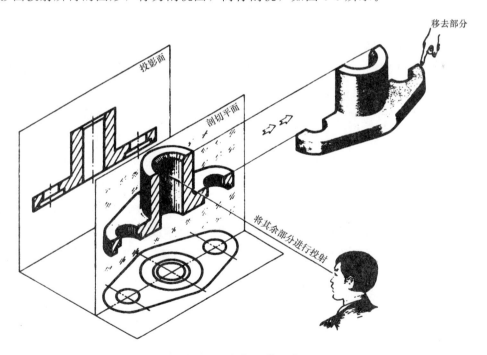

图 6-6　剖视图的形成

如图 6-7 所示，将视图与剖视图相比较，可以看出，由于主视图采用了剖视的画法[图 6-7(b)]，将机件上不可见的部分变成了可见的，图中原有的细虚线变成了粗实线，再加上剖面线的作用，使机件内部结构形状的表达既清晰，又有层次感。同时，画图、看图和标注尺寸也都更为简便。

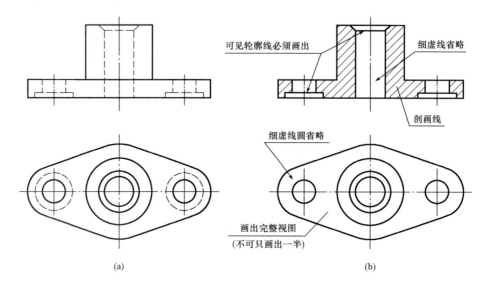

图 6-7 视图与剖视图的比较
(a)视图；(b)剖视图

画剖视图时，应注意以下几点。

①因为剖切是假想的，并不是真把机件切开并拿走一部分。因此，当一个视图取剖视后，其余视图一般仍按完整机件画出。

②剖切面与机件的接触部分，应画上剖面线（各种材料的剖面符号见表 6-1。金属材料的剖面线，最好"与主要轮廓线或剖面区域的对称线成 45°角"，并用平行的细实线绘制）。应注意：同一机件在各个剖视图中，其剖面线的画法均应一致（间距相等、方向相同）。

③为使图形清晰，剖视图中看不见的结构形状，在其他视图中已表示清楚时，其细虚线可省略不画（但对尚未表达清楚的内部结构形状，其细虚线不可省略）。

④在剖切面后面的可见轮廓线，应全部画出，不得遗漏。

表 6-1 材料的剖画符号

材料类别	图例	材料类别	图例	材料类别	图例
金属材料（已有规定剖面符号者除外）		型砂、填砂、粉末冶金、砂轮、陶瓷刀片、硬质合金刀片等		木材纵断面	

续表

材料类别	图例	材料类别	图例	材料类别	图例
非金属材料（已有规定剖面符号者除外）		钢筋混凝土		木材横断面	
转子、电枢、变压器和电抗器等的叠钢片		玻璃及供观察用的其他透明材料		液体	
线圈绕组元件		砖		木质胶合板（不分层数）	
混凝土		基础周围的泥土		格网（筛网、过滤网等）	

二、剖视图的种类

剖视图分为以下三种。

1. 全剖视图

全剖视图是用剖切面完全地剖开机件所得的剖视图。全剖视图主要用于表达内部形状复杂的不对称机件，或外形简单的对称机件，如图6-7所示。不论是用哪一种剖切方法，只要是"完全剖开，全部移去"所得的剖视图，都是全剖视图。

2. 半剖视图

当机件具有对称平面时，向垂直于对称平面的投影面上投影所得的图形，以对称中心线为界，一半画成剖视图，另一半画成视图，这种组合的图形称为半剖视图，如图6-8所示。半剖视图的优点在于，一半（剖视图）能够表达机件的内部结构，而另一半（视图）可以表达外形，由于机件是对称的，所以很容易据此想象出整个机件的内、外结构形状，如图6-9所示。

画半剖视图时，应注意以下两点。

①半个视图与半个剖视图以细点画线为界。

模块六　机件的表达方法

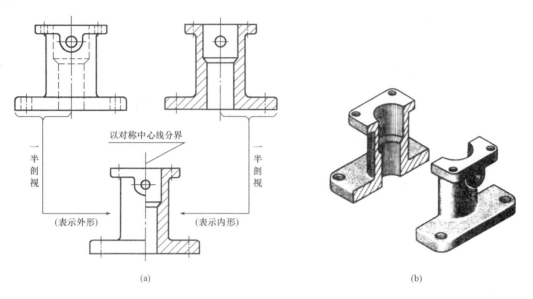

图 6-8　半剖视图的概念

② 半个视图中，内部形状已表达清楚时，一般不画细虚线。

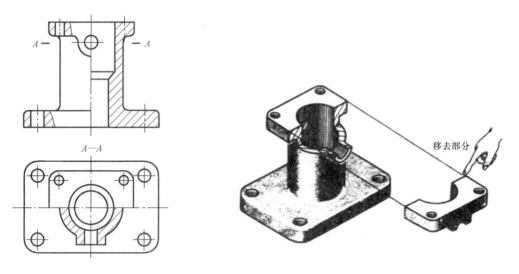

图 6-9　半剖视图

3. 局部剖视图

用剖切面局部地剖开机件所得的剖视图，称为局部剖视图，如图 6-10 所示。

局部剖视图具有同时表达机件内、外结构的优点，且不受机件是否对称的限制，在什么位置剖切、剖切范围多大，均可根据需要而定，所以应用比较广泛。

画局部剖视图时，应注意以下两点。

① 在一个视图中，局部剖切的次数不宜过多，否则就会显得零乱甚至影响图形的清晰度。

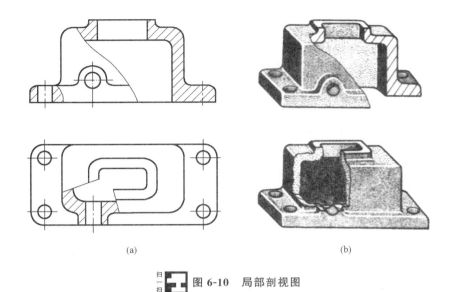

图 6-10 局部剖视图

② 视图与剖视图的分界线（波浪线）不能超出视图的轮廓线，不应与轮廓线重合或画在其他轮廓线的延长位置上，也不可穿空（孔、槽等）而过，其正误对比图例，如图6-11所示。

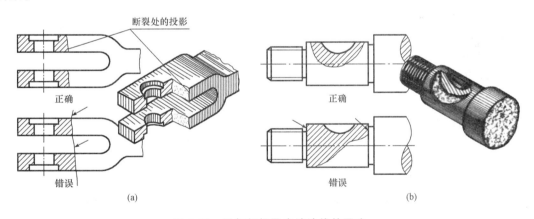

图 6-11 局部剖视图中波浪线的画法

三、剖切面的种类

剖切面共有三种，即单一剖切面、几个平行的剖切平面和几个相交的剖切面。运用其中任何一种都可得到全剖视图、半剖视图和局部剖视图。

1. 单一剖切面

(1) 单一剖切平面　单一剖切平面（平行于基本投影向）是最常用的一种。前面的全剖视图、半剖视图或局部剖视图都是采用单一剖切平面获得的。

（2）单一斜剖切平面　单一斜剖切平面的特征是不平行于任何基本投影面，用它来表达机件上倾斜部分的内部结构形状。图6-12所示即为用单一斜剖切平面获得的全剖视图。

这种剖视图通常按向视图或斜视图的形式配置并标注。一般按投影关系配置在与剖切符号相对应的位置上。在不致引起误解的情况下，也允许将图形旋转，如图6-12（b）所示。

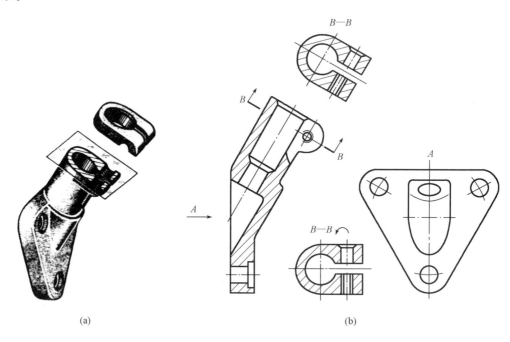

图6-12　单一斜剖切平面获得的全剖视图

2. 几个平行的剖切平面

当机件上的几个欲剖部位不处在同一个平面上时，可采用这种剖切方法，几个平行的剖切平面可能是两个或两个以上，各剖切平面的转折处必须是直角，如图6-13（b）、图6-13（c）所示。

画这种剖视图时，应注意以下两点。

①图形内不应出现不完整要素，如图6-13（a）所示。若在图形内出现不完整要素时，应适当调配剖切平面的位置，如图6-13（b）所示。

②采用几个平行的剖切平面剖开机件所绘制的剖视图，规定要表示在同一个图形上，所以不能在剖视图中画出各剖切平面的交线，如图6-13（a）所示。图6-13（b）为正确画法。

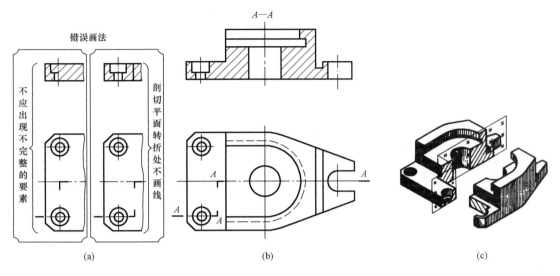

图 6-13 几个平行的剖切平面获得的全剖视图

3. 几个相交的剖切面（交线垂直于某一投影面）

画这种剖视图，是先假想按剖切位置剖开机件，然后将被剖切面剖开的结构及其有关部分旋转到与选定的投影面平行后再进行投影，如图 6-14 所示（两平面交线垂直于正面）。

画图时应注意：在剖切平面后的其他结构，应按原来的位置投影，如图 6-14 中的油孔。

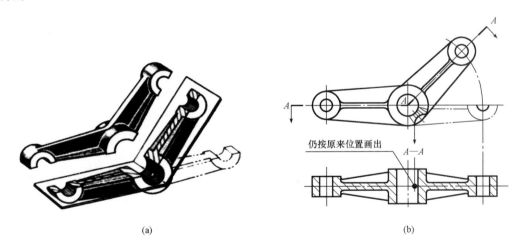

图 6-14 两个相交的剖切平面获得的全剖视图

四、剖视图的标注

绘制剖视图时，一般应在剖视图的上方，用大写拉丁字母标出剖视图的名称"×—

模块六 机件的表达方法

×",在相应的视图上用剖切符号表示剖切位置(用粗短画)和投影方向(用箭头表示),并注上同样的字母,如图 6-12、图 6-14 所示。

以下一些情况可省略标注或不必标注。

①当剖视图按投影关系配置,中间又没有其他图形隔开时,可省略箭头,如图 6-9、图 6-13 所示。

②当单一剖切平面通过机件的对称平面或基本对称平面,且剖视图按投影关系配置,中间又没有其他图形隔开时,则不必标注,如图 6-7、图 6-9 中的主视图。

③当单一剖切平面的剖切位置明确时,局部剖视图的标注可省略,如图 6-10、图 6-11 所示。

需要注意的是,可省略标注和不必标注的含义是不同的。"不必标注"是指不需要标注;"可省略标注"则可理解为:当不致引起误解时,才可省略不标。

项目三 断面图

一、断面图

假想用剖切面将物体的某处切断,仅画出该剖切面与物体接触部分的图形,称为断面图,可简称断面。

断面图,实际上就是使剖切平面垂直于结构要素的中心线(轴线或主要轮廓线)进行剖切,然后将断面图形旋转 90°,使其与纸面重合而得到的,如图 6-15 所示。该图中的轴,主视图上表明了键槽的形状和位置,键槽的深度虽然可用视图或剖视图来表达,但通过比较不难发现,用断面图表达,图形更清晰、简洁,同时也便于标注尺寸。

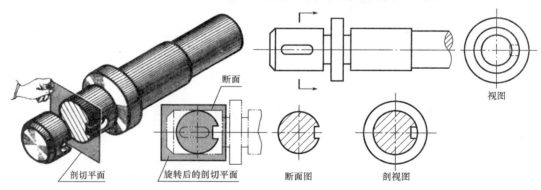

图 6-15 断面图的形成及其与视图、剖视图的比较

二、断面图的种类

1. 移出断面

画在视图轮廓之外的断面,称为移出断面。移出断面的轮廓线用粗实线绘制。

移出断面通常按以下原则绘制和配置。

①移出断面通常配置在剖切符号的延长线上,如图 6-15 所示,或剖切线的延长线上,如图 6-17 所示。

②移出断面的图形对称时,也可画在视图的中断处,如图 6-16 所示。

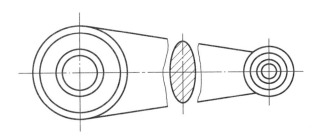

图 6-16 移出断面图的配置示例(一)

③由两个或多个相交的剖切平面剖切所得出的移出断面图,中间一般应断开,如图 6-17所示。

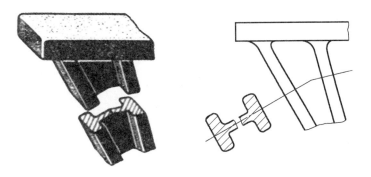

图 6-17 移出断面图的配置示例(二)

画移出断面图时,应注意以下两点。

①当剖切平面通过回转而形成的孔或凹坑的轴线时,则这些结构按剖视图要求绘制,如图 6-18 所示。

②当剖切平面通过非圆孔,会导致出现完全分离的剖面区域时,则这些结构应按剖视图要求绘制,如图 6-19 所示。

模块六 机件的表达方法

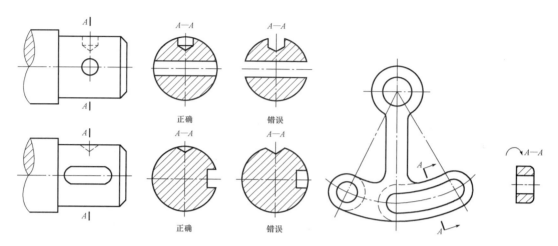

图 6-18 带有孔或凹坑的断面图示例

图 6-19 按剖视图绘制的非圆孔的断面图示例

2. 重合断面

画在视图轮廓线内的断面，称为重合断面。

重合断面的轮廓线用细实线绘制。当视图中的轮廓线与重合断面的图形重叠时，视图中的轮廓线仍应连续画出，不可间断[图 6-20(b)]。

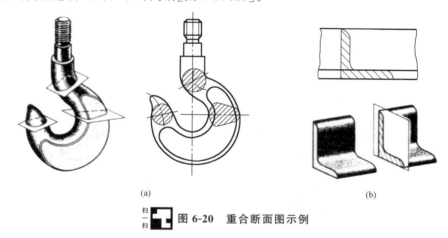

图 6-20 重合断面图示例

三、断面图的标注

断面图一般应进行标注。有关剖视图标注的三要素——剖切符号（含表示投影方向的箭头）、剖切线、字母及标注的基本规定，同样适用于断面图。

1. 移出断面的标注

①移出断面的标注形式，随其图形的配置部位及图形是否对称的不同而不同，其标注示例见表 6-2。

项目三 断面图

表 6-2 移出断面图的配置及标注

断面对称性	配置	断面图的配置与标注的关系		
		配置在剖切线或剖切符号延长线上	移位配置	按投影关系配置
断面图的对称性与标注的关系	对称	剖切线(细点画线)图示	A—A 图示	A—A 图示
	说明	配置在剖切线延长线上的对称图形：不必标注剖切符号和字母	移位配置的对称图形：不必标注箭头	按投影关系配置的对称图形：不必标注箭头
	不对称	A—A 图示	A—A 图示	A—A 图示
	说明	配置在剖切符号延长线上的不对称图形：不必标注字母	移位配置的不对称图形：完整标注剖切符号、箭头和字母	按投影关系配置的不对称图形：不必标注箭头

②配置在视图中断处的对称断面不必标注（图形不对称时，移出断面不得画在视图的中断处），如图 6-21 所示。

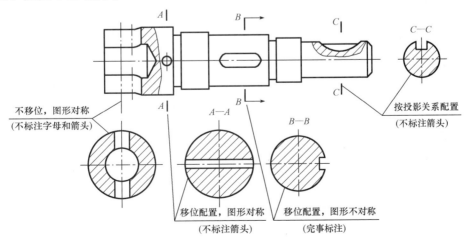

图 6-21 断面图的标注示例

2. 重合断面的标注

对称的重合断面不必标注，如图 6-20（a）所示；不对称的重合断面可省略标注，如图 6-20（b）所示。

项目四　局部放大图

当机件上的细小结构在视图中表达不清楚，或不便于标注尺寸和技术要求时，制图标准中规定了局部放大图，供绘图时选用。

将机件的部分细小结构，用大于原图形所采用的比例画出的图形，称为局部放大图，如图 6-22、图 6-23 所示。

局部放大图可以根据需要画成视图、剖视图和断面图，它与被放大部分的表达方式无关。局部放大图应尽量配置在被放大部位的附近。

①绘制局部放大图时，一般应用细实线圈出被放大的部位。

②当同一零件上有几处被放大的部分时，必须用罗马数字依次标明被放大的部位，并在局部放大图的上方标注出相应的罗马数字和所采用的比例，如图 6-22 所示。

③当零件上被放大的部分仅一个时，在局部放大图的上方只需注明所采用的比例。对于同一机件上不同部位的局部放大图，当图形相同或对称时，只需画出一个如图 6-23 所示。

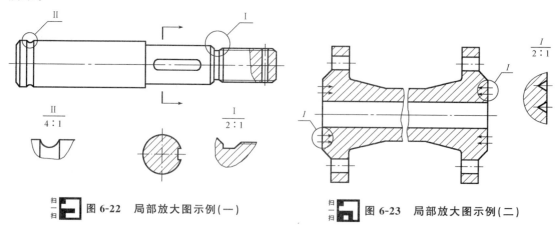

图 6-22　局部放大图示例（一）　　　图 6-23　局部放大图示例（二）

应特别指出，局部放大图的比例，是指该图形中机件要素的线性尺寸与实际机件相应要素的线性尺寸之比，而不是与原图形所采用的比例之比。

模块七
标准件与常用件

在机械设备中，除一般零件外，还有许多种常用零件，如螺栓、螺母、垫圈、齿轮、键、销、滚动轴承（部件）等，如图 7-1 所示。

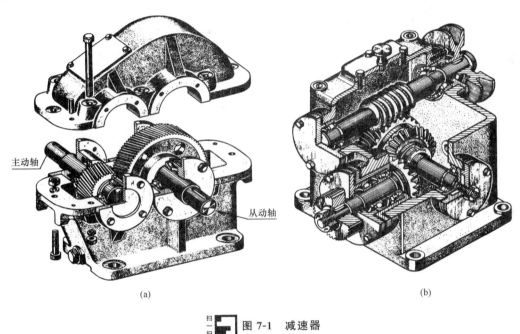

图 7-1 减速器

由于这些常用零部件的应用极为广泛，为了便于批量生产和使用，以及减少设计、绘图工作量，国家标准对它们的结构、规格及技术要求等都已全部或部分标准化了。

项目一 螺纹

螺纹是零件上常见的一种结构。螺纹分外螺纹和内螺纹两种，成对使用。在圆柱或圆锥外表面上所形成的螺纹称为外螺纹；在圆柱或圆锥内表面上加工的螺纹称为内螺纹。

一、螺纹的形成

螺纹是根据螺旋线原理加工而成的。图 7-2 表示在车床上加工螺纹的情况。这时圆柱形工件作等速旋转运动,车刀则与工件相接触作等速的轴向移动,刀尖相对工件即形成螺旋线运动。由于刀刃的形状不同,在工件表面切去部分的截面形状也不同,所以可加工出各种不同的螺纹。

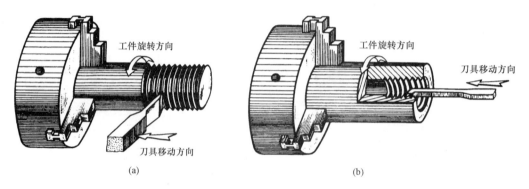

图 7-2 在车床上加工螺纹

(a)车外螺纹;(b)车内螺纹

二、螺纹要素

1. 牙型

在通过螺纹轴线的剖面上,螺纹的轮廓形状称为牙型。螺纹的牙型不同,其用途也不同,现结合图 7-3,说明如下:

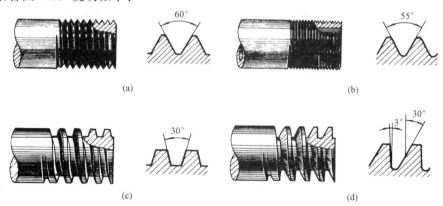

图 7-3 常用标准螺纹的牙型

(a)普通螺纹;(b)管螺纹;(c)梯形螺纹;(d)锯齿形螺纹

（a）图：普通螺纹（牙型角为60°的三角形），用于连接零件；

（b）图：管螺纹（牙型角为55°），常用于连接管道；

（c）图：梯形螺纹（牙型为等腰梯形），用于传递动力；

（d）图：锯齿形螺纹（牙型为不等腰梯形），用于单方向传递动力。

2. 直径

螺纹直径有大径（外螺纹用 d 表示，内螺纹用 D 表示）、中径和小径之分，如图7-4所示。外螺纹的大径和内螺纹的小径亦称为顶径。

螺纹的公称直径为大径，管螺纹直径的大小用尺寸代号表示。

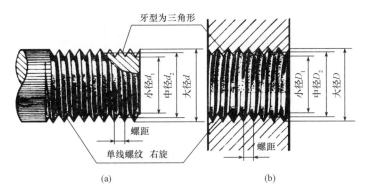

图7-4 螺纹的要素

3. 线数 n

螺纹有单线和多线之分。沿一条螺旋线所形成的螺纹，称为单线螺纹，如图7-5（a）所示；沿两条或两条以上在轴向等距分布的螺旋线所形成的螺纹，称为多线螺纹，如图7-5（b）所示。

4. 螺距 P 和导程 Ph

螺距是指相邻两牙在中径线上对应两点间的轴向距离，导程是指在同一条螺旋线上的相邻两牙在中径线上对应两点间的轴向距离。应注意，螺距和导程是两个不同的概念，如图7-5所示。

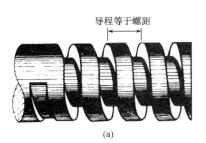

图7-5 螺距与导程

（a）单线螺纹；（b）双线螺纹

螺距、导程、线数的关系是：螺距 $P =$ 导程 $Ph/$ 线数 n。单线螺纹：螺距 $P =$ 导程 Ph。

5. 旋向

螺纹分右旋和左旋两种。顺时针旋转时旋入的螺纹为右旋螺纹，逆时针旋转时旋入的螺纹为左旋螺纹。旋向可按下列方法判定：

将外螺纹轴线垂直放置，螺纹的可见部分右高左低者为右旋螺纹；左高右低者为左旋螺纹，如图 7-6 所示。

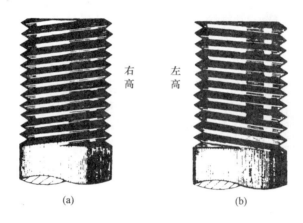

图 7-6　螺纹的旋向

(a) 右旋螺纹；(b) 左旋螺纹

三、螺纹的分类

① 凡是牙型、直径和螺距符合标准的螺纹，称为标准螺纹。
② 牙型符合标准，而直径或螺距不符合标准的，称为特殊螺纹。
③ 牙型不符合标准的，称为非标准螺纹。

四、螺纹的规定画法

1. 外螺纹的画法

如图 7-7 所示，外螺纹的牙顶圆的投影用粗实线表示，牙底圆的投影用细实线表示（其直径通常按牙顶圆直径的 0.85 倍绘制），螺杆的倒角或倒圆部分也应画出。在垂直于螺纹轴线的投影面的视图中，表示牙底圆的细实线只画约 3/4 圈（空出约 1/4 圈的位置不作规定）。此时，螺杆的倒角投影不应画出。

螺纹长度终止线（简称"螺纹终止线"）用粗实线表示。在剖视图中则按图 7-7 右边图中的画法绘制。

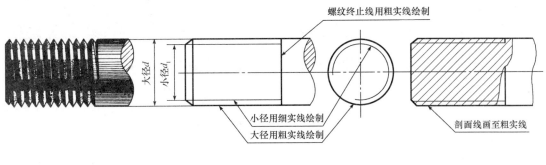

图 7-7 外螺纹的画法

2. 内螺纹的画法

如图 7-8 所示,在剖视图中,内螺纹牙顶圆的投影用粗实线表示,牙底圆的投影用细实线表示,螺纹终止线用粗实线绘制,剖面线应画到表示小径的粗实线为止。在垂直于螺纹轴线的投影面的视图上,表示大径的细实线圆只画约 3/4 圈,表示倒角的投影不应画出。

当内螺纹为不可见时,螺纹的所有图线均用细虚线绘制,如图 7-8 中右边图所示。

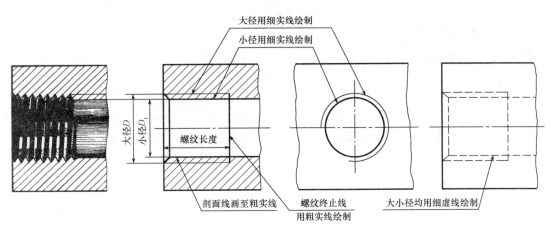

图 7-8 内螺纹的画法

3. 螺纹连接的画法

在剖视图中,内外螺纹旋合的部分应按外螺纹的画法绘制,其余部分仍按各自的画法表示,如图 7-9 所示。应注意,表示内、外螺纹大径的细实线和粗实线,以及表示内、外螺纹小径的粗实线和细实线必须分别对齐。

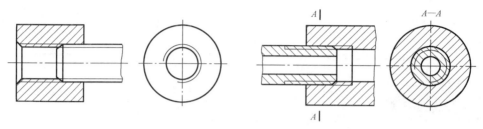

图 7-9 螺纹连接的画法

五、螺纹的种类和标注

1. 螺纹的种类

螺纹按用途不同，可分为以下两种。

（1）连接螺纹　起连接作用的螺纹。常用的有四种标准螺纹，即：粗牙普通螺纹、细牙普通螺纹、管螺纹和锥管螺纹。管螺纹又分为55°非密封管螺纹和55°密封管螺纹。

（2）传动螺纹　用于传递动力和运动的螺纹。常用的有梯形螺纹和锯齿形螺纹。

2. 螺纹的标注

普通螺纹的标记内容及格式为：

$\boxed{\text{特征代号}}\ \boxed{\text{公称直径}} \times \boxed{Ph\ \text{导程}\ P\ \text{螺距}} - \boxed{\text{公差带代号}} - \boxed{\text{旋合长度代号}} - \boxed{\text{旋向}}$

上述是普通螺纹的完整标记，当遇有以下情况时，其标记可以简化如下。

①单线螺纹的尺寸代号为"公称直径×螺距"，当为粗牙螺纹时，不注螺距。

②中径与顶径公差带代号相同时，只注写一个公差带代号。

③最常用的中等公差精度螺纹（公称直径≤1.4mm 的 5H、6h 和公称直径≥1.6mm 的 6H 和 6h）不标注公差带代号。

例如，公称直径为 8mm，细牙，螺距为 1mm，中径和顶径公差带均为 6H 的单线右旋普通螺纹，其标记为 M8×1；当该螺纹为粗牙（$P=1.25$mm）时，则标记为 M8。

普通螺纹的上述简化标记规定，同样适用于内外螺纹配合（即螺纹副）的标记。

项目二　螺纹紧固件及其连接

螺纹紧固件的种类很多，常用的紧固件有螺栓、双头螺柱、螺钉、螺母、垫圈等，如图 7-10 所示。

项目二　螺纹紧固件及其连接

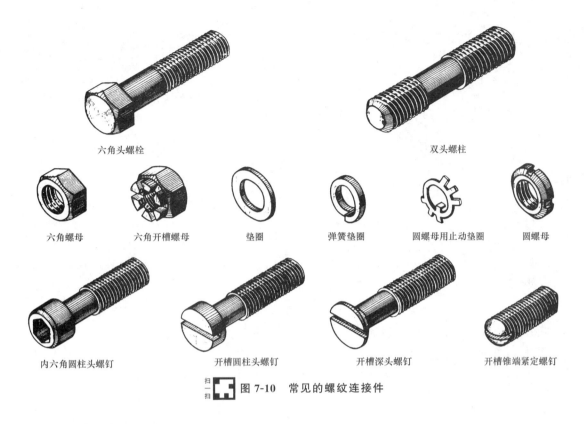

图 7-10　常见的螺纹连接件

一、螺纹紧固件的标记规定

螺纹紧固件的结构形式及尺寸都已标准化，属于标准件，一般由专门的工厂生产。各种标准件都有规定标记，需用时，根据其标记即可从相应的国家标准中查出它们的结构形式、尺寸及技术要求等内容。表 7-1 中列出了常用螺纹紧固件的图例、简化标记及其解释。

表 7-1　常用螺纹紧固件图例、标记及解释

名称及国标号	图例	标记及解释
六角头螺栓 GB/T 5782—2000		螺栓　GB/T 5782　M10×50 表示螺纹规格 d＝M10，公称长度 l＝50、性能等级为 4.8 级、表面氧化、杆身半螺纹、A 级的六角头螺栓

续表

名称及国标号	图例	标记及解释
双头螺柱 GB/T 897—1988 ($b_m=1d$)		螺柱 GB/T 897 M10×50 表示两端均为粗牙普通螺纹，螺纹规格d＝M10、公称长度l＝50、性能等级为4.8级、不经表面处理、B型、$b_m=1d$的双头螺柱
开槽圆柱头螺钉 GB/T 65—2000		螺钉 GB/T 65 M10×50 表示螺纹规格d＝M10、公称长度l＝50、性能等级为4.8级、不经表面处理的A级开槽圆柱头螺钉
内六角圆柱头螺钉 GB/T 70.1—2008		螺钉 GB/T 70.1 M10×40 表示螺纹规格d＝M10、公称长度l＝40、性能等级为4.8级、表面氧化的A级内六角圆柱头螺钉
开槽沉头螺钉 GB/T 68—2000		螺钉 GB/T 68 M10×50 表示螺纹规格d＝M10、公称长度l＝50、性能等级为4.8级、不经表面处理的开槽沉头螺钉
1型六角螺母 GB/T 6170—2000		螺母 GB/T 6170 M12 表示螺纹规格D＝M12、性能等级为8级、不经表面处理、A级的1型六角螺母
平垫圈 GB/T 97.1—2002		垫圈 GB/T 97.1 M12 表示标准系列、公称规格12mm、由钢制造的硬度等级为200HV级、不经表面处理、产品等级为A级的平垫圈

续表

名称及国标号	图例	标记及解释
标准型弹簧垫圈 GB/T 93—1987	φ12.2	垫圈 GB/T 93 M12 表示规格 12mm，材料为 65Mn、表面氧化处理的标准型弹簧垫圈

二、螺纹紧固件的连接画法

螺纹紧固件连接的基本形式有：螺栓连接、双头螺柱连接和螺钉连接。采用哪种连接按需要选定。但无论采用哪种连接，其画法（装配画法）都应遵守下列规定。

①两零件的接触面只画一条线，不接触面必画两条线。

②在剖视图中，相互接触的两个零件的剖面线方向应相反。但同一个零件在各剖视图中，剖面线的倾斜角度、方向和间隔都应相同。

③在剖视图中，当剖切平面通过紧固件的轴线时，则紧固件均按不剖绘制。

1. 螺栓连接

螺栓用来连接不太厚并钻成通孔的零件，如图 7-11（a）所示。

画螺栓连接图，应根据紧固件的标记，按其相应标准中的各部分尺寸绘制。但为了方便作图，通常可按其各部分尺寸与螺栓大径 d 的比例关系近似地画出，如图 7-11（b）所示。

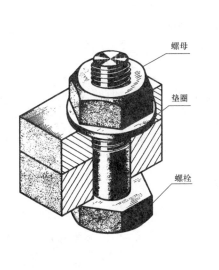
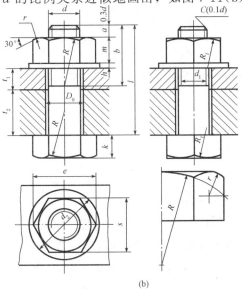

(a) (b)

图 7-11 螺栓连接图画法

(a) 轴测图；(b) 近似画法

2. 双头螺柱连接

当两个被连接的零件中，有一个较厚、不宜加工成通孔时，可采用双头螺柱连接，如图 7-12(a)所示。双头螺柱连接和螺栓连接一样，通常采用近似画法，其连接图的画法如图 7-12(b)所示(其俯视图及各部分的画法比例，与图 7-11(b)相同)。

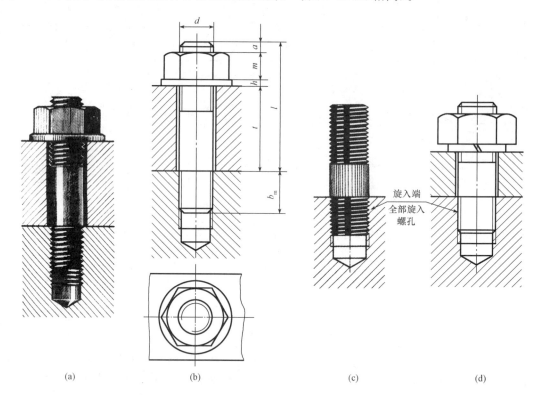

图 7-12 双头螺柱连接图画法

画双头螺柱连接图时，应注意以下两点。

①如图 7-12(c)为了保证连接牢固，旋入端应全部旋入螺孔，即在图上旋入端的螺纹终止线应与螺纹孔口的端面平齐，如图 7-12(d)所示。

②旋入端的螺纹长度 b_m，根据被旋入零件材料的不同而不同(钢与青铜：$b_m=d$；铸铁：$b_m=1.25d$)；

3. 螺钉连接

螺钉用以连接一个较薄、一个较厚的两个零件，常用在受力不大和不需经常拆卸的场合。螺钉的种类很多，图 7-13(a)、图 7-13(b)、图 7-13(c)分别为常用的开槽盘头螺钉、内六角圆柱头螺钉、开槽沉头螺钉连接图的直观图，下面的主、俯视图为它们的简化画法。

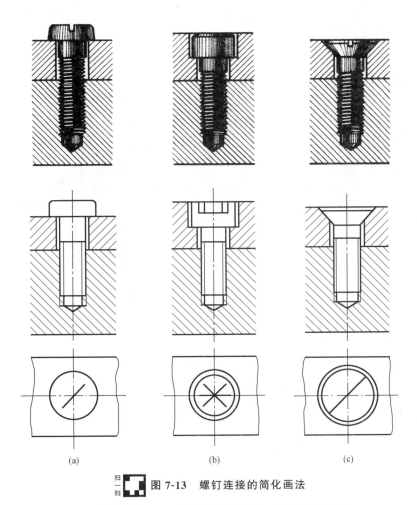

图 7-13 螺钉连接的简化画法

(a)开槽盘头螺钉；(b)内六角圆柱头螺钉；(c)开槽沉头螺钉

紧定螺钉也是在机器上经常使用的一种螺钉。它常用来防止两个相配零件产生相对运动。图 7-14 表示出了用开槽锥端紧定螺钉限定轮和轴的相对位置，使它们不能产生轴向相对移动的图例，图 7-14(a)表示零件图上螺孔和锥坑的画法，图 7-14(b)为装配图上的画法。

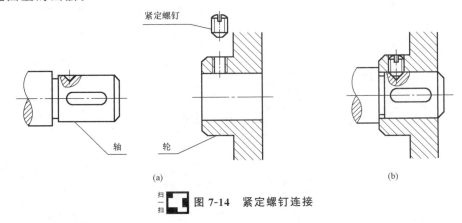

图 7-14 紧定螺钉连接

在螺纹连接中，螺母虽然可以拧得很紧，但由于长期振动，往往也会松动甚至脱落。因此，为了防止螺母松脱现象的发生，常常采用弹簧垫圈或用两个重叠的螺母，或用开口销和槽形螺母予以锁紧，如图 7-15 所示。

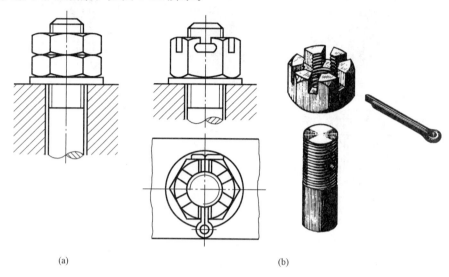

图 7-15　螺纹连接的锁紧

项目三　齿　轮

齿轮是传动零件，能将一根轴的动力及旋转运动传递给另一根轴，也可改变转速和旋转方向，如图 7-16 所示。其中，图 7-16(a)中的圆柱齿轮(斜齿)用于两平行轴之间的传动；图 7-16(b)中的锥齿轮用于相交两轴之间的传动；图 7-16(c)中的蜗轮蜗杆则用于交错两轴之间的传动。下面主要介绍直齿圆柱齿轮。

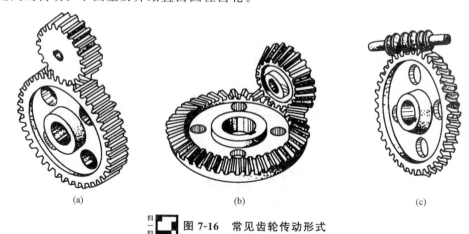

图 7-16　常见齿轮传动形式

(a)圆柱齿轮；(b)圆锥齿轮；(c)蜗轮蜗杆

圆柱齿轮按轮齿方向的不同，可分为直齿、斜齿、人字齿圆柱齿轮等，如图 7-17 所示。

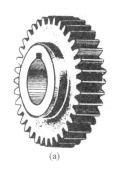
(a)

(b)

(c)

图 7-17　圆柱齿轮

(a)直齿轮；(b)斜齿轮；(c)人字齿轮

1. 直齿圆柱齿轮的各部分名称及代号（如图 7-18 所示）

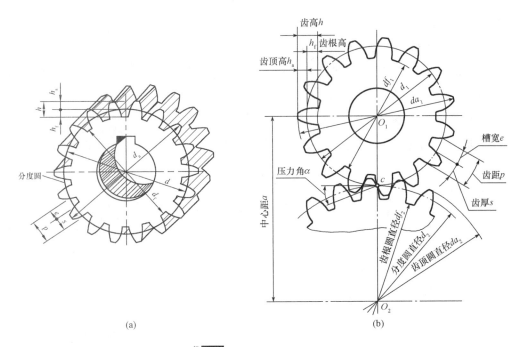

图 7-18　齿轮的结构

(1)齿顶圆　通过轮齿顶面的圆，其直径以 d_a 表示。

(2)齿根圆　通过轮齿根部的圆，其直径以 d_f 表示。

(3)分度圆　分度圆是在齿顶圆和齿根圆之间的假想圆，在该圆上齿厚 s 和槽宽 e 相等，其直径以 d 表示(过节点 C，分别以 O_1、O_2 所作的两个圆称为节圆。标准齿轮的节圆与分度圆重合)。

(4)齿顶高　齿顶圆与分度圆之间的径向距离，以 h_a 表示。

(5)齿根高　齿根圆与分度圆之间的径向距离，以 h_f 表示。

(6)齿高　齿顶圆与齿根圆之间的径向距离，以 h 表示(齿高 $h=h_a+h_f$)。

(7)齿距　分度圆上相邻两个轮齿上对应点之间的弧长，以 p 表示。齿距由齿厚 s 和槽宽 e 组成。在标准齿轮中，$s=e=p/2$，$p=s+e$。

(8)中心距　两啮合齿轮轴线之间的距离，以 a 表示，$a=(d_1+d_2)/2$。

2. 直齿圆柱齿轮的基本参数

(1)齿数　一个齿轮的轮齿总数，以 z 表示。

(2)模数　由于齿轮分度圆的周长 $\pi d=pz$ (z 为齿数)，则 $d=z\dfrac{p}{\pi}$，式中 π 为无理数，为了计算方便，令 $m=\dfrac{p}{\pi}$，即将齿距 p 除以圆周率 π 所得的商，称为齿轮的模数，用代号"m"表示，尺寸单位为 mm。由此得出：$d=mz$，$m=\dfrac{d}{z}$。两齿轮啮合，其模数必须相等。

模数是设计、制造齿轮的重要参数。模数大，齿距 p 也大，齿厚 s 和齿高 h 也随之增大，因而齿轮的承载能力也增大。为了便于设计和加工，国家制定了统一的标准模数系列。

3. 直齿圆柱齿轮各部分的尺寸计算

确定出齿轮的齿数 z 和模数 m，齿轮的各部分尺寸即可按表 7-2 中的公式计算出。

表 7-2　直齿圆柱齿轮各部分的尺寸关系

名称及代号	公　式	名称及代号	公　式
模数 m	$m=p/\pi=d/z$	齿顶圆直径 d_a	$d_a=d+2h_a=m(z+2)$
齿顶高 h_a	$h_a=m$	齿根圆直径 d_f	$d_f=d-2h_f=m(z-2.5)$
齿根高 h_f	$h_f=1.25m$	齿距 p	$p=\pi m$
齿高 h	$h=h_a+h_f=2.25m$	中心距 a	$a=(d_1+d_2)/2=$
分度圆直径 d	$d=mz$		$m(z_1+z_2)/2$

4. 单个齿轮的规定画法

①在投影为圆的视图中，齿顶圆用粗实线，齿根圆用细实线或省略不画，分度圆用细点画线画出，如图 7-19(a)所示。

②在投影为非圆的另一视图中，一般画成全剖视图，而轮齿按不剖处理。用粗实线表示齿顶线和齿根线，用细点画线表示分度线，如图 7-19(b)所示。

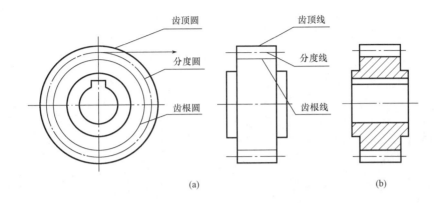

图 7-19 单个齿轮的规定画法

5. 两齿轮啮合的规定画法

① 在投影为圆的视图中，啮合区内的齿顶圆均用粗实线绘制，但也可省略不画；两节圆（分度圆）相切，用细点画线绘制，齿根圆省略不画，如图 7-20(a)、图 7-20(b) 所示。

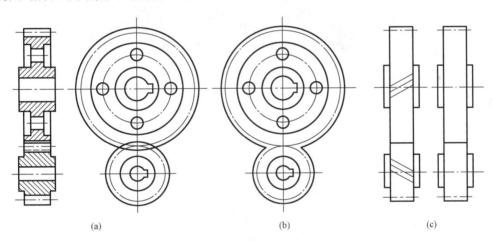

图 7-20 齿轮啮合的规定画法

② 在通过轴线的剖视图中，啮合区内将一个齿轮的轮齿用粗实线绘制，另一个齿轮的轮齿被遮挡的部分画成细虚线，也可省略不画而且一个齿轮的齿顶线与另一个齿轮的间应有 $0.25m$ 的间隙，如图 7-20(a)、图 7-21 所示。在外形视图上，啮合区内的齿顶线不画，节线（分度线）用粗实线绘制，其他处的节线用细点画线绘制，如图 7-20(c) 所示。

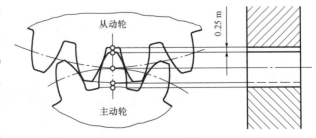

图 7-21 两个齿轮啮合的间隙

项目四　键连接、销连接

一、键连接

为了使齿轮、带轮等零件和轴一起转动，通常在轮孔和轴上分别切制出键槽，用键将轴、轮连接起来进行传动。

键的种类很多，常用的有普通型平键、半圆键和钩头楔键等，如图 7-22 所示。

普通型平键应用最广，按轴槽结构可分普通 A 型（圆头）平键、普通 B 型（平头）平键和普通 C 型（单圆头）平键三种形式，如图 7-22(a) 所示。

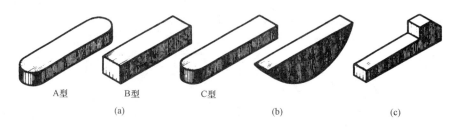

图 7-22　常用的几种键

(a)普通平键；(b)半圆键；(c)钩头楔键

1. 常用键的标记

常用键都是标准件，其结构形式、尺寸均有相应规定。下表 7-3 标记示例中，尺寸都是从相应标准中查得的。其中，b、h、L 分别表示键的宽度、高度和长度。

表 7-3　键及其标记示例

名称（标准号）	图例	标记示例
普通平键 GB/T 1096—2003		$b=8$、$h=7$、$L=25$ 的普通平键（A 型） 标记为：GB/T 1096 键 8×7×25

项目四 键连接、销连接

续表

名称（标准号）	图例	标记示例
半圆键 GB/T 1099.1—2003		$b=6$、$h=10$、$D=25$ 的半圆键标记为：GB/T 1099.1 键 $6\times10\times25$
钩头楔键 GB/T 1565—2003		$b=6$、$L=25$ 的钩头楔键标记为：GB/T 1565 键 6×25

2. 常用键的连接画法 见表7-4。

表7-4 常用键的连接画法及识读

名称	连接的画法	说明
普通平键	(a) (b)	键侧面接触 顶面有一定间隙，键的倒角或圆角可省略不画 图中代号的含义： b：键宽 h：键高 t_1：轴上键槽深度 $d-t_1$：轴上键槽深度表示法 t_2：轮毂上键槽深度 $d+t_2$：轮毂上键槽深度表示法 以上代号的数值，均可根据轴的公称直径 d 从相应标准中查出 （左面的图a、图b分别示出了轴和轮毂上键槽的表示法和尺寸注法）

续表

名称	连接的画法	说明
半圆键	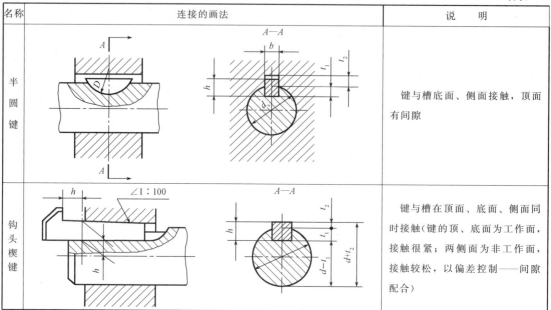	键与槽底面、侧面接触，顶面有间隙
钩头楔键		键与槽在顶面、底面、侧面同时接触（键的顶、底面为工作面，接触很紧；两侧面为非工作面，接触较松，以偏差控制——间隙配合）

二、销连接

常用的销有圆柱销、圆锥销和开口销。圆柱销和圆锥销可用于连接零件和传递动力，也可在装配时定位用。开口销常用在螺纹连接的锁紧装置中，以防止螺母松动。

圆柱销、圆锥销、开口销的规定标记及连接画法列于表7-5中。

表7-5 常用销的形式及标记示例

名称	圆柱销	圆锥销	开口销
标准号	GB/T 119.1—2000	GB/T 117—2000	GB/T 91—2000
图例			
标记示例	销 GB/T 119.1 6m6×30 表示公称直径 $d=6$mm、公差为m6、公称长度 $l=30$mm、材料为钢、不经淬火、不经表面处理的圆柱销	销 GB/T117 6×30 表示公称直径 $d=6$mm、公称长度 $l=30$mm、材料为35钢、热处理硬度28～38HRC、表面氧化处理的A型圆锥销 圆锥销公称尺寸指小端直径	销 GB/T 91 4×20 表示公称直径 $d=4$mm（指销孔直径）、公称长度 $l=20$mm、材料为低碳钢、不经表面处理的开口销

续表

名　称	圆柱销	圆锥销	开口销
连接画法			

用圆柱销和圆锥销连接或定位的两个零件，它们的销孔是一起加工的，以保证相互位置的准确性。因此，在零件图上除了注明销孔的尺寸外，还要注明其加工情况。

项目五　滚动轴承

滚动轴承是支承旋转轴的标准组件。由于它具有摩擦力小、结构紧凑等优点，所以被现代工业广泛使用。滚动轴承的种类很多，其结构大体相同，一般由外圈、内圈、滚动体和保持架组成。在机器中，将外圈装在机座的孔内，一般不动；将内圈装在轴上，随轴转动，如图 7-23 所示。

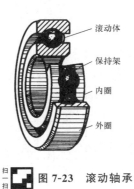

图 7-23　滚动轴承

一、滚动轴承的表示法

滚动轴承有三种表示法：通用画法、特征画法和规定画法，通用画法和特征画法又称为简化画法。在同一图样中，一般只采用其中的一种画法。常用滚动轴承的画法，见表 7-6。

模块七 标准件与常用件

表 7-6 滚动轴承的通用画法、特征画法和规定画法（摘自 GB/T 4459.7—1998）

名称和标准号	查表主要数据	画法 简化画法 通用画法	画法 简化画法 特征画法	规定画法	装配示意图
深沟球轴承（GB/T 276—1994）	D d B				
圆锥滚子轴承（GB/T 297—1994）	D d B T C				
推力球轴承（GB/T 301—1995）	D d T				

二、滚动轴承的代号

滚动轴承是标准件,不需画零件图,其结构、尺寸、公差等级均用代号表示。需用时可根据设计要求选型。

滚动轴承代号由基本代号、前置代号和后置代号组成,排列如下:

$$\boxed{前置代号} \quad \boxed{基本代号} \quad \boxed{后置代号}$$

1. 基本代号

基本代号表示滚动轴承的基本类型、结构和尺寸,是滚动轴承代号的基础。由轴承类型代号、尺寸系列代号、内径代号组成(滚针负承例外)。例如:

(1)类型代号　类型代号用数字或字母表示,见表 7-7。

表 7-7　滚动轴承的类型代号

代号	轴承类型	代号	轴承类型
0	双列角接触轴承	7	角接触轴承
1	调心球轴承	8	推力圆柱滚子轴承
2	调心滚子轴承和推力调心滚子轴承	N	圆柱滚子轴承
3	圆锥滚子轴承	NN	双列或多列圆柱滚子轴承
4	双列深沟球轴承	U	外球面球轴承
5	推力球轴承	QJ	四点接触球轴承
6	深沟球轴承		

(2)尺寸系列代号　尺寸系列代号由滚动轴承宽度系列代号和直径代号组合而成,见表 7-8。

表 7-8 向心轴承、推力轴承尺寸系列号

直径系列代号	向心轴承							推力轴承				
	宽度系列代号							高度系列代号				
	8	0	1	2	3	4	5	6	7	9	1	2
	尺寸系列代号											
7	—	—	17	—	37	—	—	—	—	—	—	—
8	—	08	18	28	38	48	58	68	—	—	—	—
9	—	09	19	29	39	49	59	69	—	—	—	—
0	—	00	10	20	30	40	50	60	70	90	10	—
1	—	01	11	21	31	41	51	61	71	91	11	—
2	82	02	12	22	32	42	52	62	72	92	12	22
3	83	03	13	23	33	—	—	—	73	93	13	23
4	—	04	—	24	—	—	—	—	74	94	14	24
5	—	—	—	—	—	—	—	—	—	95	—	—

(3) 内径代号 内径代号代表轴承的公称内径,见表 7-9。

表 7-9 滚动轴承内径代号及其示例

轴承公称内径/mm		内径代号	示 例
0.6 到 10(非整数)		用公称内径直接表示,在其与尺寸系列号之间用"/"分开	深沟球轴承 618/2.5 $d=2.5$mm
1 到 9(整数)		用公称内径毫米数直接表示,对深沟及角接触轴承 7、8、9 直径系列,内径与尺寸系列代号之间用"/"分开	深沟球轴承 625 618/5 $d=5$mm
10 到 17	10	00	深沟球轴承 6200 $d=10$mm
	12	01	
	15	02	
	17	03	
20 到 480(22,28,32 除外)		公称内径以 5 的商数,商数为个位数时,需在商数左边加"0",如"06"	调心滚子轴承 23208 $d=40$mm

续表

轴承公称内径/mm	内径代号	示 例
大于和等于 500 以及 22，28，32	用公称内径毫米数直径表示，但在与尺寸系列之间用"/"分开	调心滚子轴承 230/500 $d=500$mm 深沟球轴承 62/22 $d=22$mm

2. 前置代号和后置代号

前置代号和后置代号是轴承在结构形状、尺寸、公差、技术要求等有改变时，在其基本代号左右添加的补充代号。具体内容可查阅有关的国家标准。

项目六 弹 簧

弹簧是一种用来减振、夹紧、测力和储存能量的零件，种类很多，用途很广。本节仅简要介绍圆柱螺旋压缩弹簧的尺寸计算和画法。

圆柱螺旋弹簧根据用途不同可分为压缩弹簧、拉伸弹簧和扭转弹簧，如图 7-24 所示。

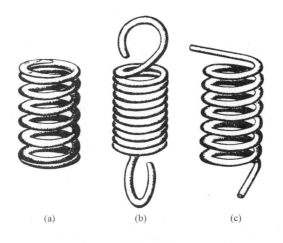

图 7-24 圆柱螺旋弹簧

(a)压缩弹簧；(b)拉伸弹簧；(c)扭转弹簧

一、圆柱螺旋压缩弹簧的各部分名称及尺寸计算

如图 7-25 所示。

1. 弹簧丝直径 d

2. 弹簧直径

弹簧中径 D　弹簧的规格直径。

弹簧内径 D_1　$D_1=D-d$

弹簧外径 D_2　$D_2=D+d$

3. 节距 t

除支承圈外，相邻两圈沿轴向的距离。一般 $t=(D/3) \sim (D/2)$。

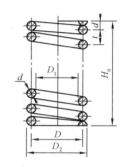

图 7-25　压缩弹簧的尺寸

4. 有效圈数 n、支承圈数 n_2 和总圈数 n_1

为了使压缩弹簧工作时受力均匀，保证轴线垂直于支承端面，两端常并紧且磨平。这部分圈数仅起支承作用，所以叫支承圈。支承圈数（n_2）有 1.5 圈、2 圈和 2.5 圈三种。2.5 圈用得较多，即两端各并紧 $1\frac{1}{4}$ 圈，其中包括磨平 3/4 圈。压缩弹簧除支承圈外，具有相等节距的圈数称有效圈数，有效圈数 n 与支承圈数 n_2 之和称为总圈数 n_1，即：$n_1=n+n_2$

5. 自由高度（或自由长度）H_0

弹簧在不受外力时的高度（或长度），即：

$H_0=nt+(n_2-0.5)d$

当 $n_2=1.5$ 时　　　　$H_0=nt+1.5d$

当 $n_2=2$ 时　　　　　$H_0=nt+d$

当 $n_2=2.5$ 时　　　　$H_0=nt+2d$

6. 弹簧展开长度 L

制造时弹簧簧丝的长度，即：$L \approx \pi D n_1$

二、圆柱螺旋压缩弹簧的规定画法

圆柱螺旋压缩弹簧可画成视图、剖视图或示意图，如图 7-26 所示。

画图时，应注意以下几点。

①圆柱螺旋弹簧在平行于轴线的投影面上的视图中，其各圈的轮廓应画成直线。

②螺旋弹簧均可画成右旋，对必须保证的旋向要求应在"技术要求"中注明。

③螺旋压缩弹簧，如要求两端并紧且磨平时，不论支承圈的圈数多少和末端贴紧情况如何，均按图 7-26 的形式绘制。必要时也可按支承圈的实际结构绘制。

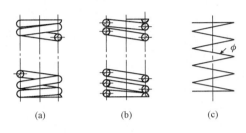

7-26　圆柱螺旋弹簧的圆法
(a)视图；(b)剖视图；(c)示意图

模块八

表面结构与公差

所谓表面结构是指零件表面的几何形貌。它是表面粗糙度、表面波纹度、表面纹理、表面缺陷和表面几何形状的总称。国家标准(GB/T 131—2006)对表面结构的表示法作了全面的规定。

项目一　表面结构

一、表面粗糙度的概念

表面粗糙度是指加工表面上具有较小的间距和峰谷所组成的微观几何形状特征。

不论用什么加工方法，经过加工的零件表面，看起来很光滑，但将其断面置于放大镜（或显微镜）下观察时，则可见其表面具有微小的峰谷，如图 8-1 所示。这种情况，是由于在加工过程中，刀具从零件表面上分离材料时的塑性变形、机械振动及刀具与被加工表面的摩擦而产生的。表面粗糙度对零件摩擦、磨损、抗疲劳、抗腐蚀，以及零件间的配合性能等有很大影响。粗糙度值越高，零件的表面性能越差；粗糙度值越低，则表面性能越好，但加工费用也必将随之增加。因此，表面粗糙度是影响零件互换性的重要参数之一。

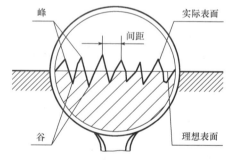

图 8-1　表面粗糙度示意图

二、表面粗糙度符号、代号

1. 表面粗糙度的图形符号

在图样中，对表面粗糙度的要求可用几种不同的图形符号（以下简称符号）表示。各种符号及其含义见表 8-1。

项目一 表面结构

表 8-1 表面粗糙度的符号及其含义（GB/T 131—2006）

符号名称	符 号	含义及说明
基本符号	∨	基本符号 表示对表面粗糙度有要求的符号，以及未指定工艺方法的表面。基本符号仅用于简化代号的标注，当通过一个注释解释时可单独使用，没有补充说明时不能单独使用
扩展符号	∇	要求去除材料的符号 在基本符号上加一短横，表示指定表面是用去除材料的方法获得，如通过机械加工（车、铣、钻、磨、剪切、抛光、腐蚀、电火花加工、气割等）的表面
	∨○	不允许去除材料的符号 在基本符号上加一个圆圈，表示指定表面是用不去除材料的方法获得，如铸、锻等。也可用于表示保持上道工序形成的表面，不管这种状况是通过去除材料或不去除材料形成的
完整符号	✓ ▽ ✓○	完整符号 在上述所示的符号的长边上加一横线，用于对表面结构有补充要求的标注。左、中、右符号分别用于"允许任何工艺"、"去除材料"、"不去除材料"方法获得的表面的标注

2. 表面结构代号的信义（表 8-2）

表 8-2 表面结构代号含义（摘自 GB/T 131—2006）

No	符 号	含义/解释
1	$\sqrt{Rz\ 0.4}$	表示不允许去除材料，单向上限值，默认传输带，R 轮廓，粗糙度的最大高度 $0.4\mu m$，评定长度为 5 个取样长度（默认），"16%规则"（默认）
2	$\sqrt{Rz\ max\ 0.2}$	表示去除材料，单向上限值，默认传输带，R 轮廓，粗糙度最大高度的最大值 $0.2\mu m$，评定长度为 5 个取样长度（默认），"最大规则"
3	$\sqrt{0.008-0.8/Ra\ 3.2}$	表示去除材料，单向上限值，传输带 $0.008\sim0.8$ mm，R 轮廓，算术平均偏差 $3.2\mu m$，评定长度为 5 个取样长度（默认），"16%规则"（默认）
4	$\sqrt{-0.8/Ra\ 3\ 3.2}$	表示去除材料，单向上限值，传输带：根据 CB/T 6062，取样长度 $0.8\mu m$（λ，默认 $0.002\ 5$ mm），R 轮廓：算术平均偏差 $3.2\mu m$，评定长度包含 3 个取样长度，"16%规则"（默认）

续表

No	符号	含义/解释
5	∮ U Ra mx 3.2 L Ra 0.8	表示不允许去除材料，双向极限值，两极限值均使用默认传输带，R 轮廓，上限值：算术平均偏差 $3.2\mu m$，评定长度为 5 个取样长度（默认），"最大规则"，下限值：算术平均偏差 $0.8\mu m$，评定长度为 5 个取样长度（默认），"16％规则"（默认）
6	∇ 0.8-25/Wz3 10	表示去除材料，单向上限值，传输带 $0.8\sim 25$ mm，W 轮廓，波纹度最大高度 $10\mu m$，评定长度包含 3 个取样长度，"16％规则"（默认）

3. 表面结构要求在图样中的注法（表 8-3）

表 8-3　表面结构要求在图样中的注法（摘自 GB/T 131—2006）

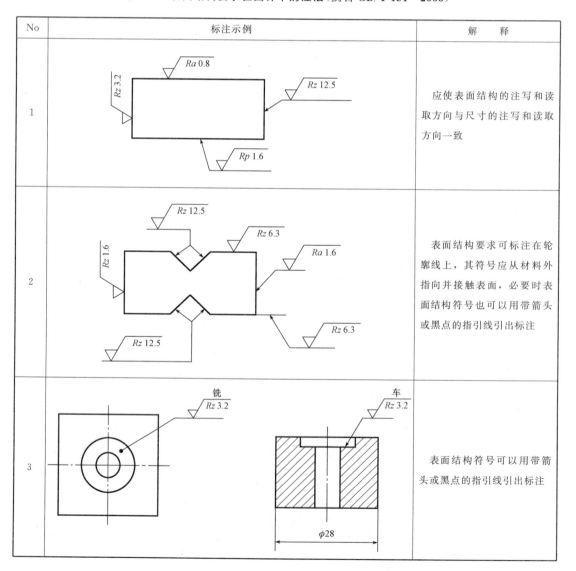

No	标注示例	解释
1	（图示：Rz 3.2、Ra 0.8、Rz 12.5、Rp 1.6）	应使表面结构的注写和读取方向与尺寸的注写和读取方向一致
2	（图示：Rz 12.5、Rz 6.3、Ra 1.6、Rz 1.6、Rz 12.5、Rz 6.3）	表面结构要求可标注在轮廓线上，其符号应从材料外指向并接触表面，必要时表面结构符号也可以用带箭头或黑点的指引线引出标注
3	（图示：铣 Rz 3.2、车 Rz 3.2、$\phi 28$）	表面结构符号可以用带箭头或黑点的指引线引出标注

项目一 表面结构

续表

No	标注示例	解 释
4	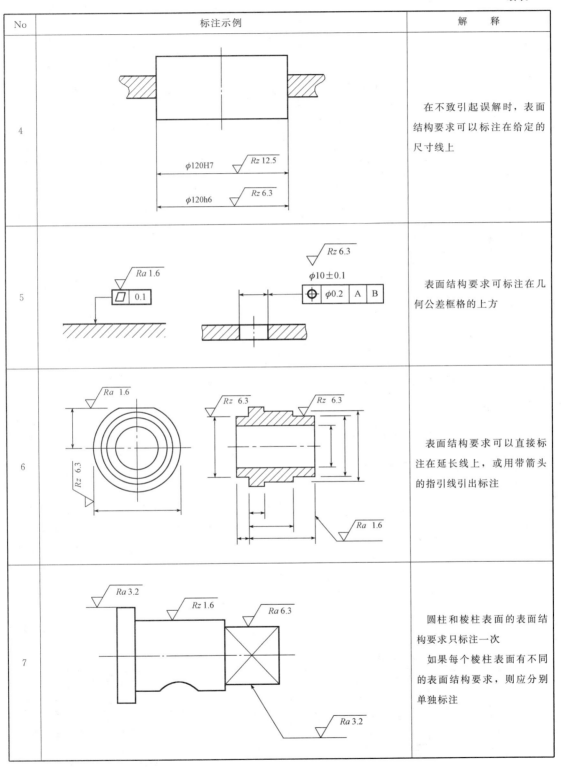	在不致引起误解时,表面结构要求可以标注在给定的尺寸线上
5		表面结构要求可标注在几何公差框格的上方
6		表面结构要求可以直接标注在延长线上,或用带箭头的指引线引出标注
7		圆柱和棱柱表面的表面结构要求只标注一次 如果每个棱柱表面有不同的表面结构要求,则应分别单独标注

模块八 表面结构与公差

4. 表面结构的简化注法（表 8-4）

表 8-4 表面结构的简化注法（摘自 GB/T 131—2006）

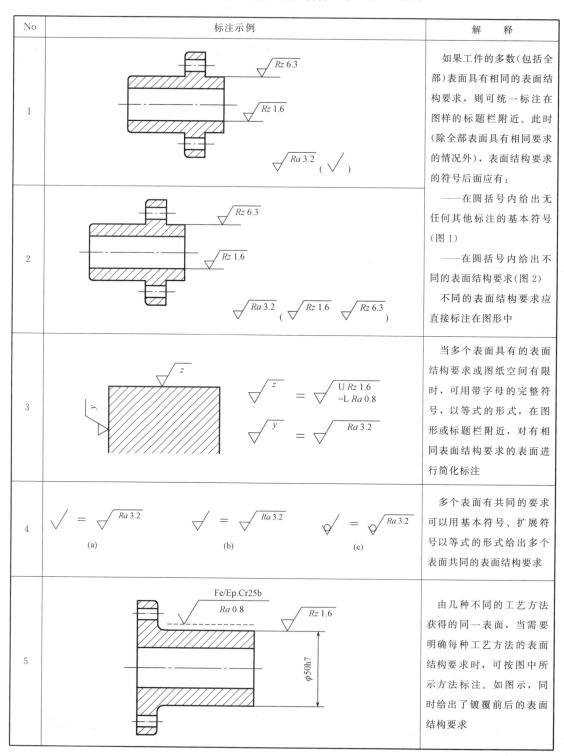

No	标注示例	解 释
1	（见图）	如果工件的多数（包括全部）表面具有相同的表面结构要求，则可统一标注在图样的标题栏附近。此时（除全部表面具有相同要求的情况外），表面结构要求的符号后面应有： ——在圆括号内给出无任何其他标注的基本符号（图 1） ——在圆括号内给出不同的表面结构要求（图 2） 不同的表面结构要求应直接标注在图形中
2	（见图）	
3	（见图）	当多个表面具有的表面结构要求或图纸空间有限时，可用带字母的完整符号，以等式的形式，在图形或标题栏附近，对有相同表面结构要求的表面进行简化标注
4	（见图）(a)(b)(c)	多个表面有共同的要求可以用基本符号、扩展符号以等式的形式给出多个表面共同的表面结构要求
5	（见图）	由几种不同的工艺方法获得的同一表面，当需要明确每种工艺方法的表面结构要求时，可按图中所示方法标注。如图示，同时给出了镀覆前后的表面结构要求

5. 表面结构新旧标准在图样标注方法上的变化

表面结构标准 GB/T 131—2006 与 GB/T 131—1993 相比在图样标注方法上有很大的不同。考虑到在新旧标准的过渡时期，采用旧标准的图样还会存在一段时间，故在表 8-5 列出了新旧标准在图样标注方法上的变化，供大家参考。

表 8-5　表面结构新旧标准在图样标注方法上的变化

GB/T 131—1993	GB/T 131—2006	说　明
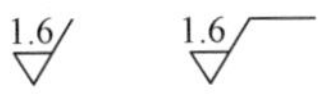 1.6 ▽　1.6 ▽	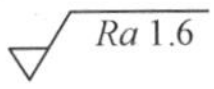 √ $Ra\ 1.6$	参数代号和数值的标注位置发生变化，且参数代号 R_a 在任何时候都不可以省略
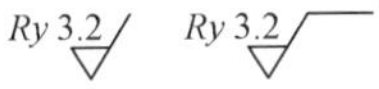 $R_y\ 3.2$ ▽　$R_y\ 3.2$ ▽	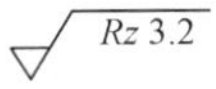 √ $Rz\ 3.2$	新标准用 R_z 代替了旧标准的 R_y
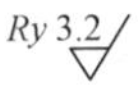 $R_y\ 3.2$ ▽	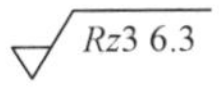 √ $Rz3\ 6.3$	评定长度中的取样长度个数如果不是 5
 3.2 / 1.6 ▽	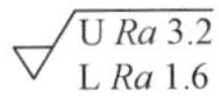 √ U $Ra\ 3.2$ / L $Ra\ 1.6$	在不致引起歧义的情况下，上、下限符号 U、L 可以省略
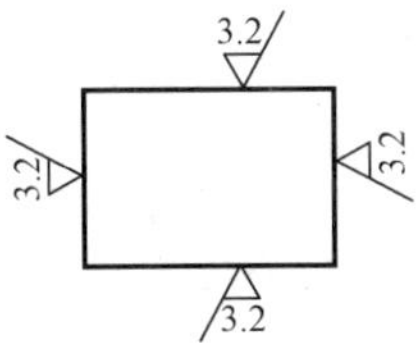 （图示：矩形各面标注 3.2）	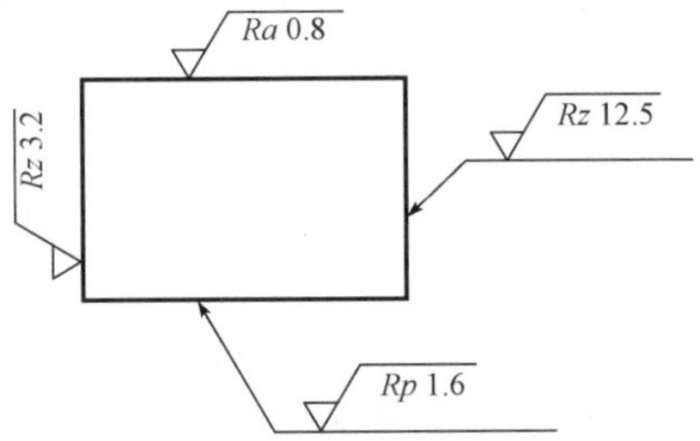 （图示：矩形标注 $Ra\ 0.8$、$Rz\ 3.2$、$Rz\ 12.5$、$Rp\ 1.6$）	对下面和右面的标注用带箭头的引线引出
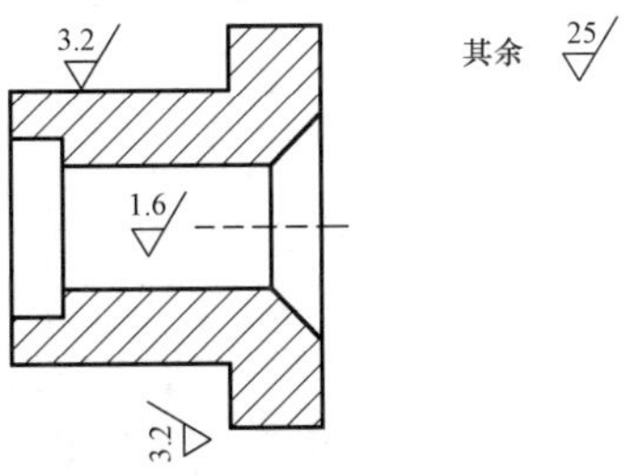 （图示：零件标注 3.2、1.6、3.2，其余 25 ▽）	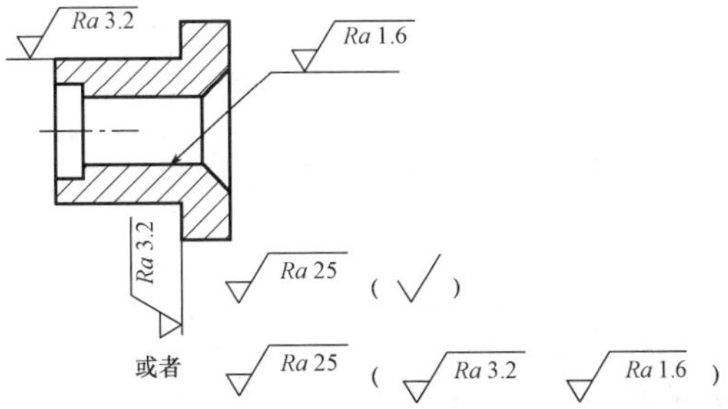 （图示：零件标注 $Ra\ 3.2$、$Ra\ 1.6$、$Ra\ 3.2$） √ $Ra\ 25$（ √ ） 或者　√ $Ra\ 25$（ √ $Ra\ 3.2$　√ $Ra\ 1.6$ ）	当多数表面有相同结构要求时，旧标准是在右上角用"其余"字样标注，而新标准标注在标题栏附近，圆括号内可以给出无任何其他标注的基本符号，或者给出不同的表面结构要求

续表

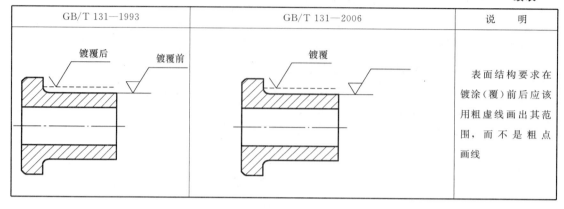

GB/T 131—1993	GB/T 131—2006	说　明
		表面结构要求在镀涂（覆）前后应该用粗虚线画出其范围，而不是粗点画线

项目二　极限与配合

在大批量的生产中，为了提高效率，相同的零件必须具有互换性。零件具有互换性，必然要求零件尺寸的精确度，但并不是要求将零件的尺寸都准确地制成一个指定的尺寸，而只是将其限定在一个合理的范围内变动，以满足不同的使用要求，由此就产生了"极限与配合"制度。

一、基本概念

1. 尺寸及其公差

（1）基本尺寸　通过它应用上、下偏差可算出极限尺寸的尺寸，如图 8-10（a）中的 $\phi80$。

（2）极限尺寸　一个孔或轴允许的尺寸的两个极端。实际尺寸位于其中，也可达到极限尺寸。孔或轴允许的最大尺寸，称为最大极限尺寸；孔或轴允许的最小尺寸，称为最小极限尺寸。

图 8-10 中，孔、轴的极限尺寸分别为：

孔 $\begin{cases} 最大极限尺寸为 80.065 \\ 最小极限尺寸为 80.020 \end{cases}$　　轴 $\begin{cases} 最大极限尺寸为 79.970 \\ 最小极限尺寸为 79.940 \end{cases}$

极限尺寸可以大于、小于或等于基本尺寸——$\phi80$。

（3）极限偏差　极限尺寸减其基本尺寸所得的代数差，称为极限偏差。最大极限尺寸减其基本尺寸所得的代数差，称为上偏差；最小极限尺寸减其基本尺寸所得的代数差，称为下偏差。偏差可以是正值、负值或零。

图8-10(a)中孔、轴的极限偏差可分别计算如下：

孔 $\begin{cases} 上偏差(ES)=80.065-80=+0.065 \\ 下偏差(EI)=80.02-80=+0.02 \end{cases}$ 轴 $\begin{cases} 上偏差(es)=79.97-80=-0.03 \\ 下偏差(ei)=79.94-80：-0.06 \end{cases}$

(4)尺寸公差(简称公差)　最大极限尺寸减最小极限尺寸之差，或上偏差减下偏差之差，称为公差。它是尺寸允许的变动量，是没有符号的绝对值。

图8-10中孔、轴的公差可分别计算如下：

孔 $\begin{cases} 公差=最大极限尺寸-最小极限尺寸=80.065-80.02=0.045 \\ 公差=上偏差-下偏差=0.065-0.02=0.045 \end{cases}$

轴 $\begin{cases} 公差=最大极限尺寸-最小极限尺寸=79.97-79.94=0.03 \\ 公差=上偏差-下偏差=-0.03-(-0.06)=0.03 \end{cases}$

由此可知，公差用于限制尺寸误差，是尺寸精度的一种度量。公差越小，尺寸的精度越高，实际尺寸的允许变动量就越小；反之，公差越大，尺寸的精度越低。

(5)公差带　由代表上偏差和下偏差、或最大极限尺寸和最小极限尺寸的两条直线所限定的一个区域，称为公差带。其中，表示基本尺寸的一条直线称为零线。零线上方的偏差为正，零线下方的偏差为负，如图8-2(b)就是图8-2(a)的公差带图。

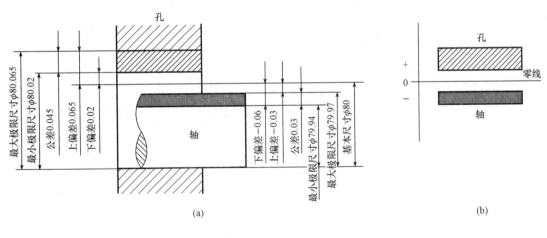

图8-2　尺寸及公差图解

2. 配合

基本尺寸相同的、相互结合的孔和轴公差带之间的关系，称为配合。

根据使用要求不同，配合的松紧程度也不同。配合的类型共有三种：

(1)间隙配合　具有间隙(包括最小间隙等于零)的配合称为间隙配合，如图8-3(a)、图8-3(b)所示。此时，孔的公差带在轴的公差带之上，如图8-3(c)所示。孔的最大极限尺寸减轴的最小极限尺寸之差为最大间隙，孔的最小极限尺寸减轴的最大极限尺寸之差为最小间隙，实际间隙必须在二者之间才符合要求。间隙配合主要用于孔、轴间需产生相对运动的活动连接。

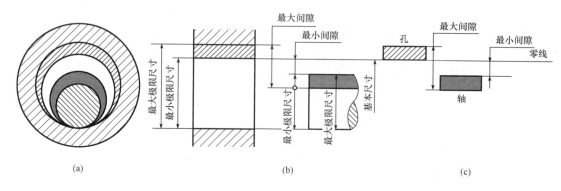

图 8-3 间隙配合

（2）过盈配合 具有过盈（包括最小过盈等于零）的配合称为过盈配合，如图 8-4(a)、图 8-4(b)所示。此时，孔的公差带在轴的公差带之下，如图 8-4(c)所示。孔的最小极限尺寸减轴的最大极限尺寸之差为最大过盈，孔的最大极限尺寸减轴的最小极限尺寸之差为最小过盈。实际过盈超过最小、最大过盈即为不合格。由于轴的实际尺寸比孔的实际尺寸大，所以在装配时需要一定的外力才能把轴压入孔中。过盈配合主要用于孔、轴间不允许产生相对运动的紧固连接。

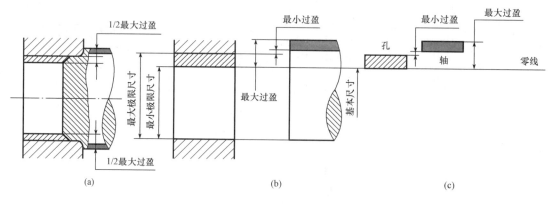

图 8-4 过盈配合

（3）过渡配合 可能具有间隙或过盈的配合称为过渡配合。此时，孔的公差带与轴的公差带相互交叠，如图 8-5、图 8-6 所示。在过渡配合中，间隙或过盈的极限为最大间隙和最大过盈。其配合究竟是出现间隙或过盈，只有通过孔、轴实际尺寸的比较或试装才能知道。过渡配合主要用于孔、轴间的定位连接。

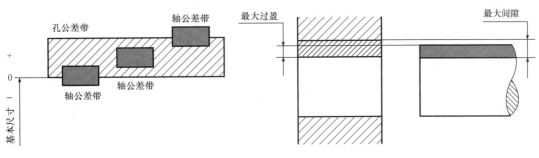

图 8-5 过渡配合公差带图解　　　　图 8-6 过渡配合的最大间隙和过盈

二、标准公差与基本偏差

公差带由"公差带大小"和"公差带位置"这两个要素组成。公差带大小由标准公差确定,公差带位置由基本偏差确定,如图 8-7 所示。

1. 标准公差(IT)

在极限与配合制中,标准公差是国家标准规定的确定公差带大小的任一公差。"IT"是标准公差的代号,阿拉伯数字表示其公差等级。

标准公差等级分 IT01、IT0、IT1 至 IT18 共 20 级。从 IT01 至 IT18 等级依次降低,而相应的标准公差数值依次增大,现示意表示如下:

```
高                公差等级                   低
←─────────────────────────────────────────
         IT01、IT0、IT1、IT1、…、IT18
─────────────────────────────────────────→
小                公差数值                   大
```

2. 基本偏差

在极限与配合制中,确定公差带相对零线位置的那个极限偏差称为基本偏差。它可以是上偏差或下偏差,一般为靠近零线的那个偏差。当公差带位于零线上方时,基本偏差为下偏差;当公差带位于零线下方时,基本偏差为上偏差,如图 8-7 所示。

国家标准对孔和轴各规定了 28 个基本偏差。基本偏差代号用拉丁字母表示,大写字母表示孔,小写字母表示轴。基本偏差系列如图 8-8 所示。其中,A~H(a~h)用于间隙配合;J~ZC(j~zc)用于过渡配合或过盈配合。基本偏差系列图只表示公差带的位置,不表

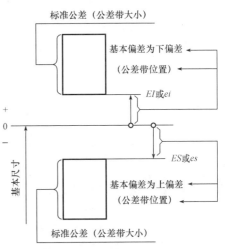

图 8-7 标准公差与基本偏差

示公差带的大小，因此，公差带只画出属于基本偏差的一端，另一端则是开口的，即公差带的另一端应由标准公差来限定。

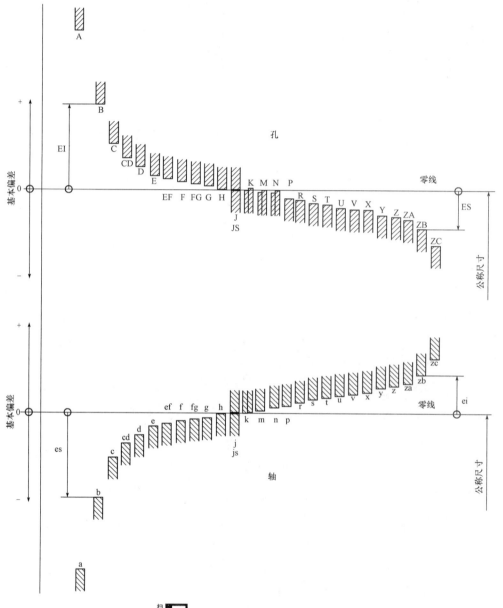

图 8-8　基本偏差系列示意图

三、配合制

国家标准中规定，配合制度分为两种，即基孔制和基轴制。

1. 基孔制配合

基本偏差为一定的孔的公差带，与不同基本偏差的轴的公差带形成各种配合的一种制度。基孔制的孔称为基准孔，代号为"H"，其上偏差为正值，下偏差为零，最小极限尺寸等于基本尺寸。

图 8-9 表示出了基孔制配合孔、轴公差带之间的关系，即以孔的公差带为基准[图 8-9(a)]，当轴的公差带位于它的下方时，形成间隙配合[图 8-9(b)]；当轴的公差带与孔的公差带相互交叠时，形成过渡配合[图 8-9(c)、图 8-9(d)]；当轴的公差带位于孔公差带的上方时，则形成过盈配合[图 8-9(e)]。

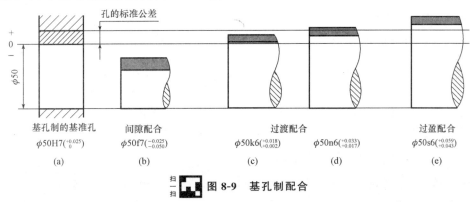

图 8-9 基孔制配合

2. 基轴制配合

基本偏差为一定的轴的公差带，与不同基本偏差的孔的公差带形成各种配合的一种制度。基轴制的轴称为基准轴，代号为"h"，其上偏差为零，下偏差为负值，最大极限尺寸等于基本尺寸。

基轴制配合，就是将轴的公差带保持一定，通过改变孔的公差带，使孔、轴之间形成松紧程度不同的间隙配合、过渡配合、过盈配合，以满足不同的使用要求，其公差带图解如图 8-10 所示，其分析方法与图 8-9 相类似，就不再赘述了。

关于基准制的选择，国家标准明确规定，在一般情况下，应优先采用基孔制配合。

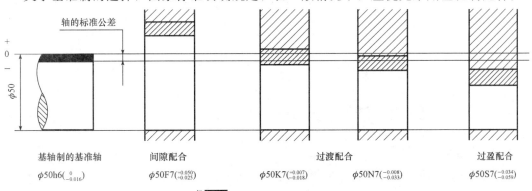

图 8-10 基轴制配合

四、极限与配合的标注

1. 在零件图上的标注

用于大批量生产的零件图,可只注公差带代号,如图 8-11(a)所示。用于中小批量生产的零件图,一般可只注出极限偏差,上偏差注在右上方,下偏差应与基本尺寸注在同一底线上,如图 8-11(b)所示。如需要同时注出公差带代号和对应的极限偏差值时,则其极限偏差值应加上圆括号,如图 8-11(c)所示。

标注极限偏差时应注意如下几点。

① 上、下偏差的数字的字号应比基本尺寸数字的字号小一号;上、下偏差的小数点必须对齐,小数点后右端的"0"一般不予注出(如:$^{-0.060}_{-0.090}$应写成:$^{-0.06}_{-0.09}$);

② 如果为了使上、下偏差值的小数点后的位数相同,可以用"0"补齐[如:$^{-0.025}_{-0.05}$可写成:$^{-0.025}_{-0.050}$,如图 8-11(b)所示]。

③ 当上偏差或下偏差为"零"时,用数字"0"标出,并与下偏差或上偏差的小数点前的个位数对齐,如图 8-11(b)所示。

④ 当上、下偏差的绝对值相同时,偏差数字可以只注写一次,并应在偏差数字与基本尺寸之间注出符号"±",且两者数字高度相同,如 $\phi 80\pm 0.03$。

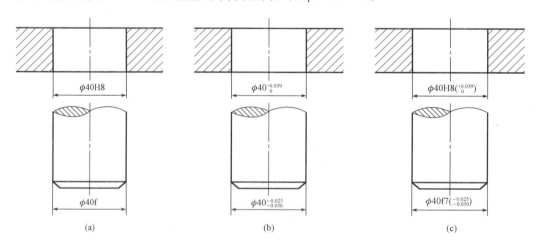

图 8-11 公差带代号、极限偏差在零件图上标注的三种形式

2. 在装配图上的标注

在装配图中标注线性尺寸的配合代号时,必须在基本尺寸的右边用分数的形式注出,

分子位置标注孔的公差带代号，分母位置注轴的公差带代号，如图 8-12(a)所示。必要时也允许如图 8-12(b)或图 8-12(c)的形式标注。

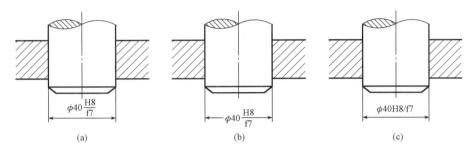

图 8-12　配合代号在装配图上标注的三种形式

项目三　几何公差

一、几何公差概述

1. 基本概念

在生产实际中，经过加工的零件，不但会产生尺寸误差，而且会产生形状和位置误差。

如图 8-13(a)所示为一理想形状的销轴，而加工后的实际形状则是轴线变弯了，因而产生了直线度误差。如图 8-13(b)所示。

又如，图 8-14(a)所示为一要求严格的四棱柱，加工后的实际位置却是上表面倾斜了，因而产生了平行度误差，如图 8-14(b)所示。

如果零件存在严重的几何误差，将使其装配造成困难，影响机器的质量，因此，对于精度要求较高的零件，除给出尺寸公差外，还应根据设计要求，合理地确定出几何误差的最大允许值，只有这样，才能将其误差控制在一个合理的范围之内。为此，国家标准规定了一项保证零件加工质量的技术指标——形状公差和位置公差(简称公差)。

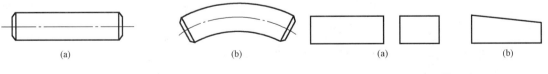

图 8-13　形状误差　　　　　　　　图 8-14　位置误差

2. 几何公差的项目及符号

国家标准中规定了14项形位公差，其项目名称与符号见表8-6。

表8-6　形位公差项目、符号

项　目	直线度	平面度	圆度	圆柱度	线轮廓度	面轮廓度	平行度
符号	—	▱	○	⌭	⌒	⌒	∥
项　目	垂直度	倾斜度	同轴（同心）度	对称度	位置度	圆跳动	全跳动
符号	⊥	∠	◎	=	⊕	↗	⌰

二、几何公差的标注

1. 公差框格

①几何公差应以框格的形式进行标注，其标注内容及框格等的绘制规定，如图8-15所示。

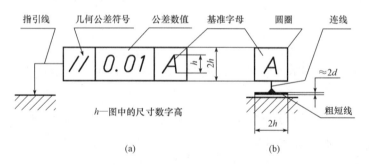

(a)　　　　　　　　　(b)

图8-15　几何公差代号与基准符号

(a)几何公差代号；(b)基准符号

②公差值用线性值，如公差带是圆形或圆柱形的，则在公差值前加注"ϕ"[见图8-16(a)、图8-16(b)、图8-16(c)]；如是球形，则加注"$S\phi$"[见图8-16(d)]；根据需要，可用一个或多个字母表示基准要素[见图8-16(b)、图8-16(c)、图8-16(d)]。

③当一个以上要素作为被测要素，如六个要素，应在框格上方标明，如"$6\times\phi$"、"6槽"[见图8-16(e)]。

④如对同一要素有一个以上的公差特征项目要求时，为方便起见，可将一个框格放在另一个框格的下面[见图8-16(f)]。

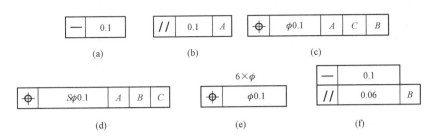

图 8-16 公差值和基准要素的注法

2. 被测要素

用带箭头的指引线将框格与被测要素相连,按以下方式标注:

①当公差涉及轮廓线或表面时,将箭头置于要素的轮廓线或轮廓线的延长线上(但必须与尺寸线明显地分开),如图 8-17 所示。

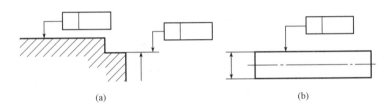

图 8-17 箭头与尺寸线分开

②当指向实际表面时,箭头可置于带点的参考线上,该点指向实际表面上,如图 8-18所示。

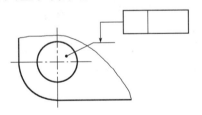

图 8-18 箭头置于参考线上

③当公差涉及轴线、中心平面或由带尺寸要素确定的点时,则带箭头的指引线应与尺寸线的延长线重合,如图 8-19 所示。

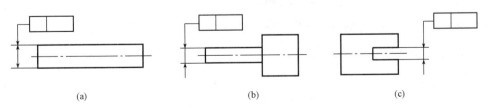

图 8-19 箭头与尺寸线的延长线重合

3. 基准

GB/T 1182—2008 规定基准的符号为图 8-20 所示。

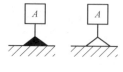

图 8-20

三、几何公差的识读

几何公差标注如图 8-21 所示，图中各项几何公差代号的含义如下：

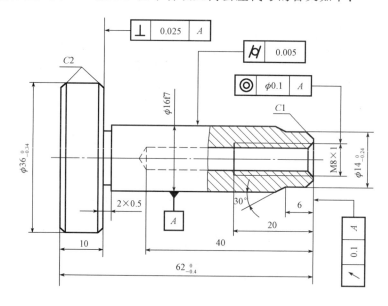

图 8-21 形位公差综合标注示例

| ∥ | 0.005 | 表示圆柱度公差（形状公差）。即：$\phi 16f7$ 圆柱面的圆柱度公差为 0.005mm，其公差带是半径差为 0.005mm 的两同轴圆柱面之间的区域。表明该被测圆柱面必须位于半径差为公差值 0.005mm 的两同轴圆柱面之间。

| ◎ | $\phi 0.1$ | A | 表示同轴度公差（位置公差）。即：M8×1 的轴线对基准 A 的同轴度公差为 0.1mm，其公差带是与基准 A 同轴，直径为 0.1 mm 的圆柱面内的区域。表明被测圆柱面的轴线必须位于直径为公差值 ϕ0.1 mm，且与基准轴线 A 同轴的圆柱面内。

⌐ | 0.1 | A ⌐ 表示端面圆跳动公差(位置公差)。即：$\phi14_{-0.24}^{0}$ 的端面对基准 A 的端面圆跳动公差为 0.1mm，其公差带是在与基准同轴的任一半径位置的测量圆柱面上距离为 0.1mm 的两圆之间的区域。表明被测面围绕基准线 A(基准轴线)旋转一周时，在任一测量圆柱面内轴向的跳动量均不得大于 0.1 mm。

⌐ | 0.025 | A ⌐ 表示垂直度公差(位置公差)。即：$\phi36_{-0.34}^{0}$ 的右端面对基准 A 的垂直度公差为 0.025mm，其公差带是距离为公差值 0.025mm，且垂直于基准线的两平行平面之间的区域。表明该被测面必须位于距离为公差值 0.025mm，且垂直于基准线 A(基准轴线)的两平行平面之间。

项目四　零件上常见的工艺结构

零件的制造过程，通常是先制造出毛坯件，再将毛坯件经机械加工制作成零件。因此，在绘制零件图时，必须对零件上的某些结构(如铸造圆角、退刀槽等等)进行合理地设计和规范地表达，以符合铸造工艺和机械加工工艺的要求。下面将零件上常见的工艺结构作以简单地介绍。

一、铸造工艺结构

1. 起模斜度

造型时，为了能将木模顺利地从砂型中提取出来，一般常在铸件的内外壁上沿着起模方向设计出斜度，这个斜度称为起模斜度，如图 8-22(a)所示。起模斜度一般按 1∶20 选取，也可以角度表示(木模造型约取 1°～3°)。起模斜度在零件图上一般不画。如有特殊要求，可在技术要求中说明。

2. 铸造圆角

为了便于脱模和避免砂型尖角在浇注时发生落砂，以及防止铸件两表面砂型尖角处出现裂纹、缩孔，往往将铸件转角处做成圆角，如图 8-22(c)所示。在零件图上，该圆角一般应画出并标注圆角半径。当圆角半径相同(或多数相同)时，也可将其半径尺寸在技术要求中统一注写，如图 8-22(d)所示。

3. 铸件壁厚

铸件壁厚应尽量均匀或采用逐渐过渡的结构。否则，在壁厚处极易形成缩孔或在壁厚突变处产生裂纹，如图 8-22(e)所示。

模块八 表面结构与公差

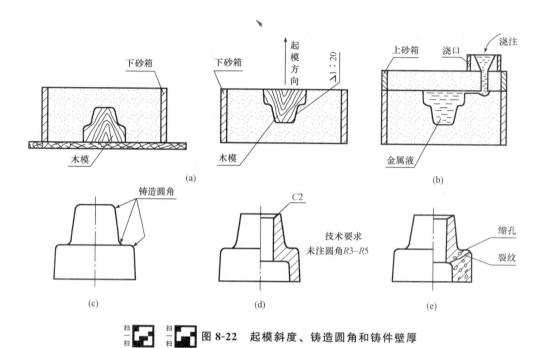

图 8-22 起模斜度、铸造圆角和铸件壁厚

(a)起模斜度；(b)浇铸示意图；(c)倒置的铸件；(d)加工后的铸件；(e)壁厚不匀

二、机械加工工艺结构

1. 倒角和倒圆

为使操作安全以及便于装配，在轴端或孔口加工出 45°、30°、60°的锥台称倒角。

为防止应力集中，增强强度，在阶梯轴或直径不等的两段交接处，常加工成环面过渡，称倒圆，如图 8-23 所示。

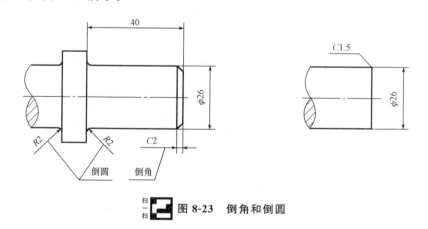

图 8-23 倒角和倒圆

2. 退刀槽和越程槽

在车削加工、车削螺纹或磨削加工时为便于退出刀具，并与相关零件装配时易于紧靠，常在被加工部分的终端预先加工出退刀槽或越程槽，如图 8-24 所示。

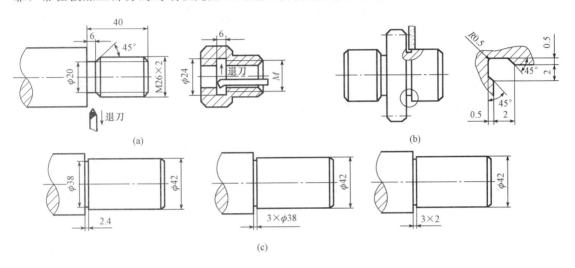

图 8-24　退刀槽和越程槽

(a)退刀槽；(b)砂轮越程槽；(c)尺寸标

3. 钻孔结构

钻孔时，钻头的轴线要与被加工孔的表面垂直，这样才能使被加工孔的位置准确，而且还可避免钻头断裂。另外还注意钻头两边受力均匀，如图 8-25 所示。

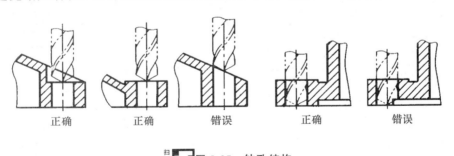

图 8-25　钻孔结构

4. 凸台和凹坑

为了保证零件接触面间的装配或安装质量，并减少加工面可在零件上设计有同一平面的凸台和凹坑，如图 8-26 所示。

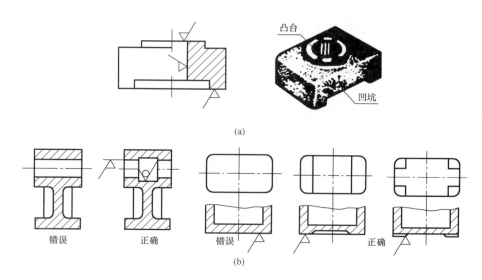

图 8-26 凸台和凹坑

三、安装工艺结构

设计时应考虑为装拆留有空间，如图 8-27 所示。

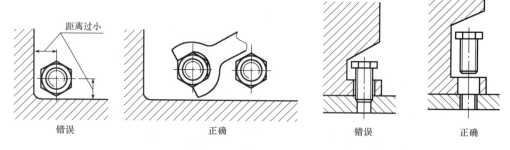

图 8-27 考虑安装空间

模块九

零件图

表示零件结构、大小及技术要求的图样，称为零件图。

零件图是制造和检验零件的依据，是指导生产的重要技术文件。

图 9-1 所示为一齿轮油泵，图 9-2 是该油泵上左端盖的零件图。由于零件图是直接用于生产的，所以它应具备制造和检验零件所需要的全部内容，主要包括以下内容。

① 一组图形（表示零件的结构形状）。

② 一组尺寸（表示零件各部分的大小及其相对位置）。

③ 标题栏（注写零件名称、绘图比例、所用材料及制图者姓名等）。

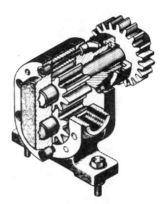

图 9-1　齿轮油泵立体图

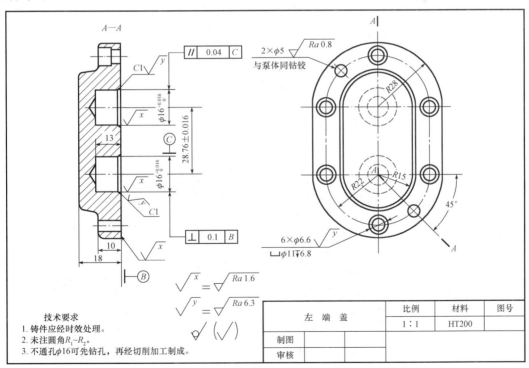

图 9-2　左端盖零件图

模块九 零件图

④技术要求(即制造、检验零件时应达到的各项技术指标),如表面粗糙度 $Ra1.6\mu m$、尺寸的极限偏差 $\phi16^{+0.018}_{0}$、形位公差 $\boxed{\parallel\ |\ 0.04\ |\ C\ }$、热处理和表面处理要求及其他文字说明等。

项目一　零件图的视图选择

零件图的视图选择,是根据零件的结构形状、加工方法,以及它在机器中所处位置等因素的综合分析来确定的。

一、主视图的选择

主视图是一组图形的核心,主视图选择得恰当与否将直接影响到其他视图位置和数量的选择,关系到画图、看图是否方便。

选择主视图的原则:将表示零件信息量最多的那个视图作为主视图,通常是零件的工作位置或加工位置或安装位置。具体地说,一般应从以下三个方面来考虑。

1. 工作位置原则

主视图应尽量表示零件在机器上的工作位置或安装位置。如图 9-3 所示的支座和图 9-4 所示的吊钩,其主视图就是根据它们的工作位置、安装位置并尽量多地反映其形状特征的原则选定的。

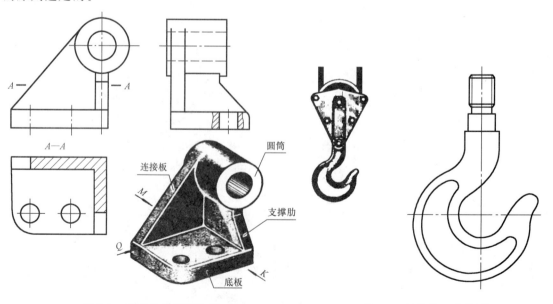

图 9-3　支座的主视图选择　　　　　　　图 9-4　吊钩的工作位置

2. 加工位置原则

主视图应尽量表示零件在机械加工时所处的位置。如轴、套类零件的加工，大部分工序是在车床或磨床上进行，因此，一般将其轴线水平放置画出主视图，如图9-5所示。这样，在加工时可以直接进行图物对照，既便于看图，又可减少差错。

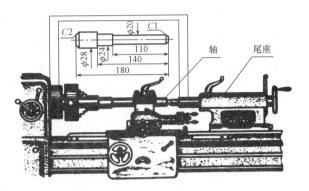

图 9-5 轴类零件的加工位置

3. 形状特征原则

主视图应尽量多地反映零件的结构形状特征。这主要取决于投射方向的选定，如图9-3所示的支座，以 K 向、Q 向投射都反映它们的工作位置。但经过比较，K 向则将圆筒、连接板的形状和四个组成部分的相对位置表现得更清楚，故以此作为主视图的投射方向。此外，选择主视图的投射方向时，还应考虑使主视图和其他视图尽量少出现细虚线，这就是不能以 M 向投射的道理。

二、其他视图的选择

主视图确定后，应运用形体分析法对零件的各组成部分逐一进行分析，对主视图表达未尽部分，再选其他视图完善其表达。具体选用时，应注意以下几点。

①所选视图应具有独立存在的意义和明确的表达重点，各个视图所表达的内容应相互配合，彼此互补，注意避免不必要的细节重复。在明确表示零件的前提下，使视图的数量为最少。

②先选用基本视图，后选用其他视图(剖视、断面等表示方法应兼用)；先表达零件的主要部分(较大的结构)，后表达零件的次要部分(较小的结构)。

总之，选择表达方案的能力，应通过看图、画图的实践，并在积累生产实际知识的基础上逐步提高。

模块九 零件图

项目二 零件图的尺寸标注

零件图是制造、检验零件的重要技术文件，图形只表达零件的形状，而零件的大小则完全由图上标注的尺寸来确定。零件图中的尺寸，不但要按前面的要求注得正确、完整、清晰，而且必须符合生产实际。

一、正确选择尺寸基准

标注尺寸的起点，称为尺寸基准。通常选择零件上的一些几何元素——面（如底面、对称面、端面等）和线（如回转体的轴线）作为尺寸基准。

选择尺寸基准的目的，一是为了确定零件在机器中的位置或零件上几何元素的位置，以符合设计要求；二是为了在制作零件时，确定测量尺寸的起点位置，便于加工和测量，以符合工艺要求。因此，根据基准作用的不同，可把基准分为两类。

1. 设计基准

根据机器的构造特点及对零件结构的设计要求所选定的基准，称为设计基准。

图9-6(a)是齿轮泵的泵座，它是齿轮泵[图9-6(b)]的一个主要零件，属于箱体类。

长度方向的尺寸，应当以左、右对称平面（主视图中的竖直中心线）为基准。因此，标注出了240、180、85、88等对称尺寸，以便保证安装孔、螺钉孔之间的长向距离及其对于轴孔的对称关系。

高度方向的尺寸，应当以泵座的底面为基准，以便保证主动轴孔到底面的距离210这个重要尺寸。

宽度方向的尺寸，应当选择B面为基准（见图9-6）。因为B面是一个安装结合面，而且是一个最大的加工表面，同时也可保证底板上安装孔间的宽向距离。这三个基准均为设计基准。

在高度方向上，两个齿轮的中心距84是一个有严格要求的尺寸。为保证其尺寸精度，这个尺寸必须以上轴孔的轴线为基准往下注，而不能再以底面为基准往上注。这样，在高度方向就出现了两个基准。其中，底面这个基准（即决定主要尺寸的基准）称为主要基准，上孔轴线这个基准称为辅助基准（在加工画线时，应先定出这两个基准，然后才能定出其他定位线）。就是说，在零件长、宽、高的每一个方向上都应有一个主要基准（有时与设计基准重合），而除了主要基准之外的附加基准，称为辅助基准。应注意，辅助基准与主要基准之间必须直接有尺寸相联系，如图9-6所示的辅助基准是靠尺寸210与主要基准底面相联系的。

2. 工艺基准

为便于对零件加工和测量所选定的基准，称为工艺基准。

项目二　零件图的尺寸标注

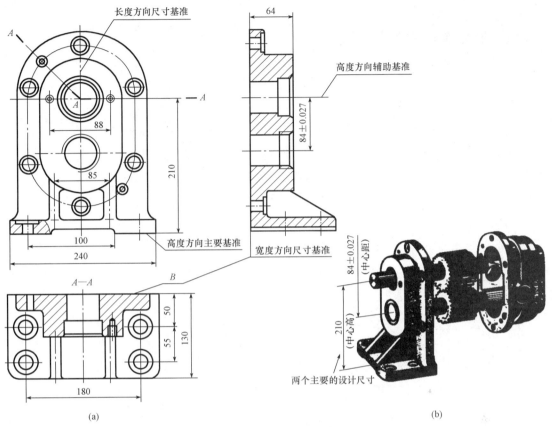

图 9-6　泵座的尺寸基准选择

(a)齿轮泵尺寸基准的选择方法；(b)齿轮泵结构简图

如图 9-7(a)所示的小轴，在车床上加工时，车刀每一次车削的最终位置，都是以右端面为基准来定位的，如图 9-7(b)所示。因此，右端面即为轴向尺寸的工艺基准。

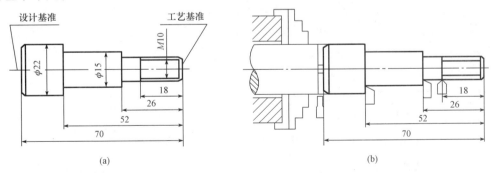

图 9-7　阶梯轴的工艺基准与设计基准

(a)阶梯轴；(b)阶梯轴加工情况

在图 9-7 中，工艺基准与设计基准重合。

基准确定之后，主要尺寸即应从设计基准出发标注，一般尺寸则应从工艺基准出发标注。

模块九 零件图

二、避免注成封闭的尺寸链

图9-8中的轴,除了对全长尺寸进行了标注,又对轴上各组成段的长度一个不漏地进行了标注,这就形成了封闭的尺寸链。如按这种方式标注尺寸,轴上各段尺寸可以得到保证,而总长尺寸则可能得不到保证。因为加工时,各段尺寸的误差积累起来,最后都集中反映到总长尺寸上。

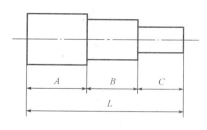

图9-8 封闭尺寸链

为此,在注尺寸时,应将次要的轴段尺寸空出不注(称为开口环),如图9-9(a)所示。这样,其他各段加工的误差都积累至这个不要求检验的尺寸上,而全长及主要轴段的尺寸则因此得到保证。如需标注开口环的尺寸时,可将其注成参考尺寸,如图9-9(b)、图9-9(c)所示。

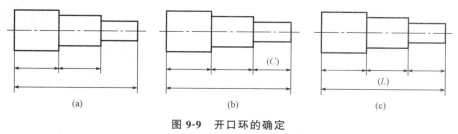

图9-9 开口环的确定

三、按加工要求标注尺寸

为使不同工种的工人看图方便,应将零件上的加工面与非加工面尺寸,尽量分别注在图形的两边,如图9-10所示。对同一工种的加工尺寸,要适当集中,如图9-11中的铣削尺寸注在上面,车削尺寸注下面,以便于加工时查找。

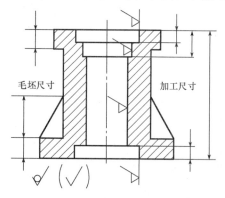

图9-10 加工面与非加工面的尺寸注法

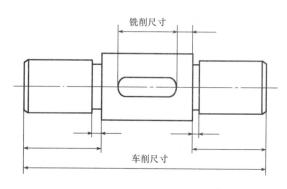

图9-11 同工种加工的尺寸注法

四、按测量要求标注尺寸

对所注尺寸，要考虑零件在加工过程中测量的方便。如图 9-12(a)和图 9-13(a)中孔深尺寸的测量就很方便，而图 9-12(b)中 A、B 和图 9-13(b)中 9 的注法就不合理了，既不便于测量，也很难量得准确。

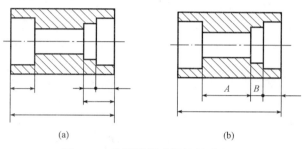

图 9-12　按测量要求标注尺寸(一)

(a)便于测量；(b)不便于测量

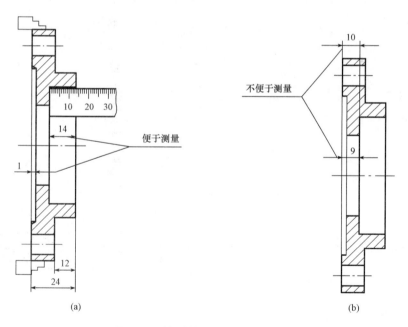

图 9-13　按测量要求标注尺寸(二)

模块九 零件图

项目三 读零件图及零件测绘

读零件图的目的就是根据零件图想象零件的结构形状，了解零件的尺寸和技术要求等内容。为了更透彻地理解和读懂零件图，读图时还应联系零件在机器或部件中的位置、作用，以及与其他零件的关系。

一、读图的方法和步骤

读零件图的基本方法仍然是形体分析法。

较复杂的零件图，其视图、尺寸数量及各种代号都较多，就图形而言。视图数量多，主要是因为组成零件的形体多，所以将表示每个形体的三视图组合起来，加之它们之间有些重叠的部位，图形就显得繁杂了。实际上，对每一个基本形体来说，仍然是只用2～3个视图就可以确定它的形状。所以看图时，只要善于运用形体分析法，按组成部分"分块"看，就可将复杂的问题分解成几个简单的问题处理了。

读图步骤可按以下几步进行。

①看标题栏（概括了解）。
②分析视图。
③分析尺寸。
④分析技术要求。
⑤综合归纳。

二、典型零件的图例分析

零件的形状虽然千差万别，但根据它们在机器或部件中的作用和形体特征，仍可大体将它们划分为几种类型。

1. 轴套类零件

这类零件主要有轴、套筒和衬套等，其作用主要是支承传动件（如齿轮、带轮）和传递动力。轴类零件的基本形状为同轴回转体，在轴上通常带有键槽、销孔、中心孔、退刀槽和砂轮越程槽等局部结构。轴套类零件主要在车床上加工。

2. 盘盖类零件

这类零件主要是齿轮、法兰盘、端盖等，其基本形体多为扁平的圆盘状结构。盘盖类零件的作用主要是轴向定位、防尘和密封。

因这类零件一般在车床上加工，所以主视图常将其轴线水平放置。为表示其内部结构，主视图常采用全剖视（单一剖或用几个相交的剖切面剖切）。为表示零件上沿圆周分布的孔、槽、肋、轮辐等结构，往往还需选用一个端视图。此外，为表达细小结构，还常采用局部放大图。

3. 叉架类零件

这类零件包括拨叉、连杆、杠杆、支架等，其常在机器的操纵机构中起操纵作用或支承轴类零件的作用。叉架类零件的结构比较复杂，常带有倾斜或弯曲部分，零件毛坯为铸件或锻件，需经多种机械加工。所以其主视图应能明显地反映零件的形状结构特征，并考虑零件的工作位置或安装位置或自然安放时的平稳位置。叉架类零件一般需用两个基本视图，支架类零件一般需用三个基本视图。为表达内部结构，常采用全剖视图或局部剖视图。对倾斜部分的结构，往往采用斜视图或采用斜剖切平面剖切获得的剖视图来表达。此外，还常采用移出断面表达肋的结构形状等。

4. 箱体类零件

箱体类零件用来支承、包容、保护运动零件或其他零件，也起定位和密封作用。这类零件多为铸件，结构形状比前三类零件复杂。其主体通常由薄壁所围成的较大空腔和供安装用的底板构成；箱壁上有安装轴承用的圆筒或半圆筒，并有肋板加固；此外，还有凸台、凹坑、铸造圆角、螺孔、销孔和倒角等细小结构。

由于箱体类零件需经多道工序加工，因此，其主视图应按零件的结构形状和工作位置选择。此外，还需采用几个基本视图和向视图等辅助视图才能将零件表达清楚。

如图 9-14 所示，读懂蜗轮箱的零件图，并回答问题。

1. 问题

①零件图共用了几个图形？它们是什么图（视图、剖视、断面等）？试述其表示方法。

②补画主视图的外形图。

③想象零件的结构形状。

④分析尺寸基准：长度方向的主要基准为_____，宽度方向的主要基准为_____，高度方向的主要基准为_____。

⑤分析定位尺寸：长度方向定位尺寸有_____，宽度方向定位尺寸有_____，高度方向定位尺寸有_____。

⑥零件表面粗糙度最低（要求最高）的代号为_____，粗糙度最高（要求最低）的代号为_____。

⑦有公差要求的孔有几个？其公差带代号（查表）分别为_____，可判断它们是____孔。

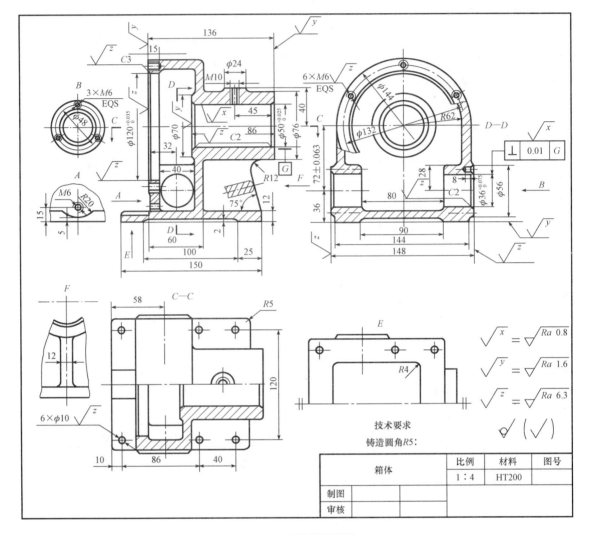

图 9-14 蜗轮箱零件图

⑧ ⊥ 0.01 G 的含义是什么?

2. 问题解答

①零件图共用了八个图形,它们分别是:a. 主视图(全剖视图,通过零件的前后对称面剖切,省略了标注);b. 俯视图(半剖视图,因剖切平面并不是零件的对称面,故必须标注,如 C—C);c. 左视图(局部剖视图。为了明确表示剖切部位,标注了 D—D 等符号。如果剖切部位明显,局部剖一般不必标注);d. 局部视图 E(这是表示零件底面的外形图。因底板底面前后对称,故采用了只画视图一半的简化画法。为了节省图纸幅面和合理布图,故采用了向视图的配置形式);e. A 视图(局部视图,按向视图的形式配置);f. B 视图(局部视图,按向视图配置。因视图的外形轮廓封闭,故省略了表示断裂边界的波浪线);

g. F 视图（按向视图配置的局部视图）；h. 断面图（重合断面，表示肋的厚度）。

②主视图的外形图，如图 9-15 所示。

③蜗轮箱的整体结构形状，如图 9-16 所示。

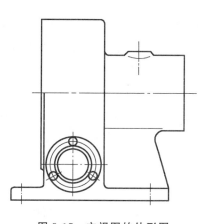

图 9-15 主视图的外形图

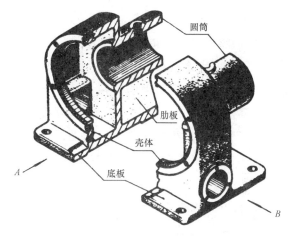

图 9-16 蜗轮箱轴测图

④长度方向尺寸的主要基准为箱体<u>左端的加工面</u>，宽度方向的主要基准为箱体的前后对称面，高度方向的主要基准为<u>底板的底面</u>（安装面）。

⑤长度方向的定位尺寸有<u>主视图中的 32、15、136、45、25，俯视图中的 58、10、86、40</u>，其中，15、136 也是定形尺寸；宽度方向的定位尺寸有俯视图中的 120、<u>左视图中的 80</u>；高度方向的定位尺寸有主视图中的 40、左视图中的 36、72、A 视图中的 15 和 5。此外，左视图中的 φ132 和 B 视图中的 φ48 则是螺孔的定位尺寸，分别属于宽度、高度方向。

⑥零件表面粗糙度最低（要求最高）的代号为 $\sqrt{Ra\ 0.8}$，粗糙度最高（要求最低）的代号为 $\sqrt{\ }$。

⑦有公差要求的孔有三个：$\phi 120^{+0.035}_{\ 0}$，$\phi 50^{+0.025}_{\ 0}$，$\phi 36^{+0.025}_{\ 0}$。经查表，其公差带均为 H7。据此，通常可判定它们是基准孔。

⑧ ⊥ 0.01 G 的含义：被测部位是 $\phi 36^{+0.025}_{\ 0}$ 孔的轴线，基准部位是 $\phi 50^{+0.025}_{\ 0}$，孔的轴线，公差项目为垂直度，公差值为 φ0.01。即表示 $\phi 36^{+0.025}_{\ 0}$ 孔的轴线，必须位于直径为公差值 φ0.01 且垂直于基准线 G（基准轴线）的圆柱面内。

三、零件测绘

零件测绘是指根据实际零件，画出它的草图测量出它的尺寸，给定必要的技术要求，整理后绘制出它的零件工作图的过程。零件测绘在机器设计、仿制或维修时就会碰到。

模块九 零件图

1. 零件测绘的方法与步骤

(1) 全面了解测绘对象 通过查阅相关资料及同类型的零件图了解各零件之间的装配关系，以及被测零件的名称、材料，了解该零件所属零件的工作原理以及其作用，弄清楚零件上的各个结构，从而了解到零件的一些技术要求。

(2) 绘制零件草图 在工作场所，技术人员不用绘图仪器，通过目测或用简单方法得出零件各部分的尺寸关系，徒手在一张纸或方格纸上画出的零件图称为零件草图。零件草图却不能潦草，它除了不用绘图仪器和不严格按比例外，其余都要符合零件图的所有要求。因为零件草图是绘制零件工作图的一项重要原始资料。

(3) 根据零件草图绘制零件工作图 一般零件草图是在现场测绘的，时间比较短，绘制工作图时需对草图进行再次审核，然后给予恰当的修订，再按零件图的要求绘制出来。

2. 绘制零件草图的基本方法

(1) 直线的画法 如图 9-17 所示，水平线从左向右，垂直线自上而下，倾斜的线从左下角向右上角或从左上角向右下角绘制。若直线的两端已定，画线时，视线应同时顾及笔尖与终点。

(2) 圆的画法 画圆时，应先定出圆心的位置，通过圆心画出相互垂直的中心线，在中心线上定出等距的点，过点作图画出圆。画较大圆时，多增加一些直线一些点。

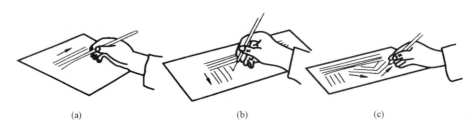

图 9-17 直线的画法

(3) 角度的画法 如图 9-18 所示为角度画法。

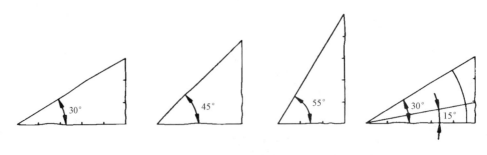

图 9-18 角度的画法

3. 画零件草图的一般步骤（如图 9-19）

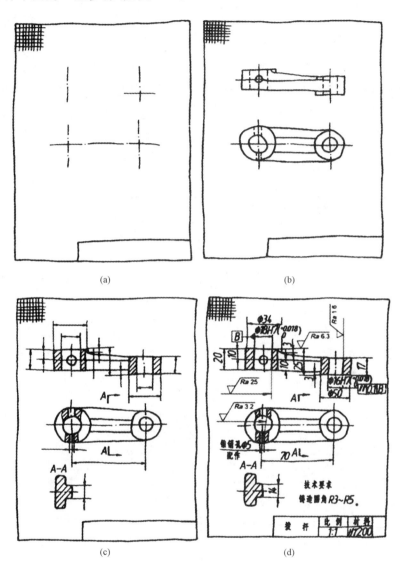

图 9-19　画零件草图的步骤

①对零件进行形体分析，确定表达零件的方案。

②根据零件的总体尺寸选定比例；确定图幅，画出边框线和标题栏；布置视图，画好各视图的基准线[如图 9-19(a)]。

③画出基本视图的外部轮廓[如图 9-19(b)]。

④画出其他视图[如图 9-19(c)]。

⑤选择尺寸基准，测量出尺寸和协调好相关联尺寸后标注出尺寸；根据零件的性能和工作要求，参照类似图样和有关资料，用类比法确定后查有关标准复核后，标注出必要的

技术要求，填写标题栏［如图 9-19(d)］。

⑥检查核对。

4. 零件尺寸的测量

(1) 直线尺寸的测量　使用的测量工具有：卷尺、直尺、游标卡尺等。一般精度测量用卷尺或直尺，精度要求比较高时用游标卡尺，必要时可借助直角尺或三角板配合进行测量，如图 9-20 所示。

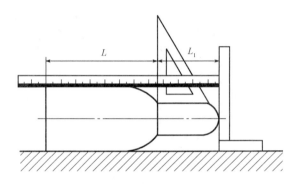

图 9-20　尺寸的测量方法

(2) 回转体直径的测量　通常用内外卡尺结合直尺或用游标卡尺和千分尺直接测量，如图 9-21 所示。

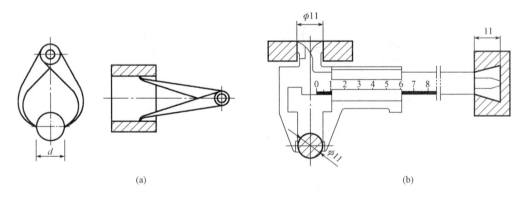

(a)　　　　　　　　　　　　　　(b)

图 9-21　回转体直径的测量

(3) 壁厚的测量　一般可用直尺直接测量，当直尺或游标卡尺都无法测量时，则采用内外卡尺或外卡与直尺结合起来测量，如图 9-22 所示。

(4) 孔间距和中心高的测量　孔间距可用直尺、内卡、游标卡尺测量，如图 9-23(a)所示，一般用直尺和外卡或游标卡尺测量，如图 9-23(b)所示。

(5) 曲线或曲面的测量　测量平面曲线，可用纸拓印其轮廓得到真实的曲线形状，再测量其形状及尺寸，这种做法称拓印法，如图 9-24(a)所示。测量曲线回转面的母线，可用铅丝弯成与面相贴的实形，得平面曲线，再测其形状尺寸，这种做法称铅丝法，如图

项目三 读零件图及零件测绘

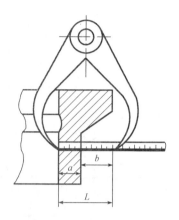
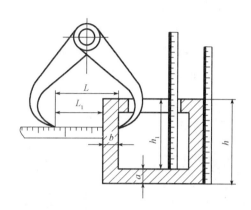

图 9-22 壁厚的测量

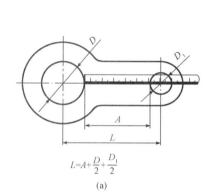
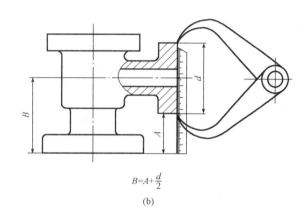

$L=A+\dfrac{D}{2}+\dfrac{D_1}{2}$

(a)

$B=A+\dfrac{d}{2}$

(b)

图 9-23 孔间距和中心高的测量

9-24(b)所示。一般的曲线和曲面都可用直尺和三角板，定出曲面上各点的坐标，作出曲线，再测量其形状及尺寸，这种做法称坐标法，如图 9-24(c)所示。

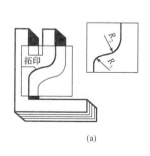
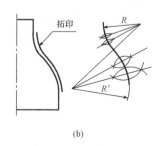
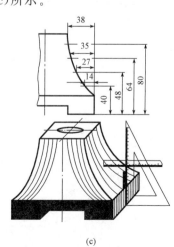

(a) (b) (c)

图 9-24 曲线或曲面的测量

(a)拓印法；(b)铅丝法；(c)坐标法

· 161 ·

(6) 其他结构的测量　圆角可用圆角规测量。每套圆角规有两组多片，一组用于测外圆角，一组用于测内圆角，如图 9-25(a) 所示。螺纹用螺纹规或直尺测量螺距，用游标卡尺测量螺纹大径，再查表核对螺纹标准，如图 9-25(b) 所示。角度可用游标量角器测量，如图 9-25(c) 所示。

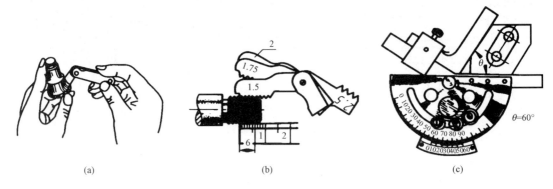

图 9-25　其他结构的测量

(a) 圆角测量；(b) 螺纹测量；(c) 角度测量

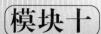

装配图

项目一　装配图及其表达方法

一、装配图的作用及内容

1. 装配图的作用

装配图是表达机器或部件的图样。用来表达机器或部件的工作原理以及零、部件间的装配、连接关系，是机器设计与制造中重要的技术文件。新产品设计，一般先根据工作原理画装配图，再由装配图画零件图。在产品制造中，装配图是进行装配、检验和调试的依据。所以，装配图是表达设计思想、指导生产、进行技术交流的重要技术文件。

2. 装配图的内容

(1) 一组视图　用一组视图完整、清晰、正确地表达出机器的工作原理、各零件的相对位置及装配关系、连接方式和主要零件的结构形状。图10-1是滑动轴承的装配轴测图，图10-2是滑动轴承的装配图，采用了三个基本视图。三个视图均采用了半剖视图，比较清楚地表达了轴承盖、轴承座和上下衬套的装配关系。

(2) 必要的尺寸　装配图上标注出反映装配体性能规格、外形以及装配、检验和安装时所需的一些尺寸。

如图10-2所示，$\phi 50H8$为规格尺寸，176、58、$2\times\phi 20$等为安装尺寸，$\phi 60H8/k7$、$86H9/f9$等为装配尺寸，236、121为外形尺寸。

图 10-1　滑动轴承座轴测图

(3) 技术要求　用符号或文字说明装配体在装配、检验和使用时应达到的要求。如装配的准确度、检验方法与精度、涂饰要求等。

(4) 零件序号、标题栏、明细栏　序号是装配图中每种零部件的编号，标题栏内容与零件图的类似，明细栏内容包括各零件的名称、代号、数量和材料等。

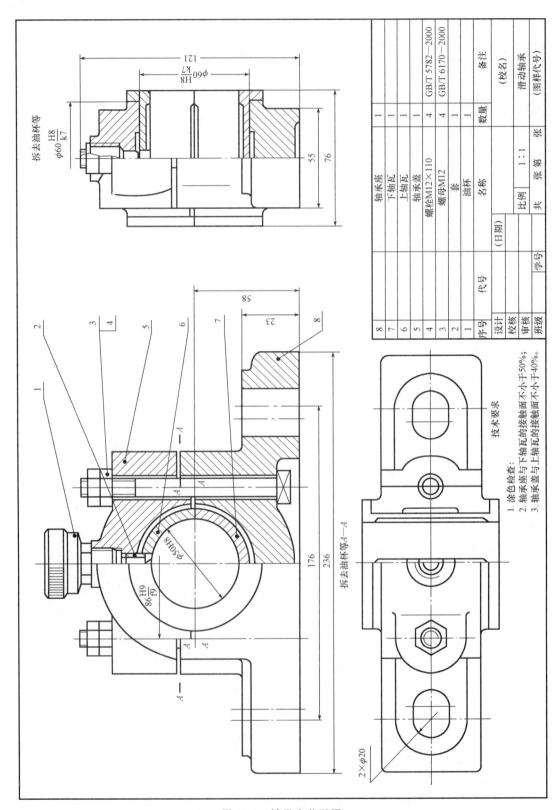

图 10-2 轴承座装配图

二、装配图的表达方法

装配图要表达产品或部件的结构特点、工作原理及各零件间的装配关系,所以一般都采用剖视图作为主要表达方法。此外,装配图还有一些特殊的画法规定。

1. 装配图的规定画法

①两零件的接触面和配合面只画一条线,非接触面应当留有间隙,如图 10-3 所示。

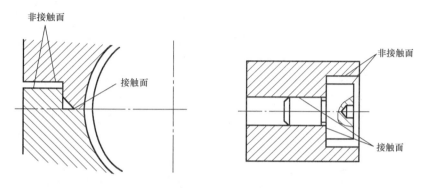

图 10-3　接触面画法

②相邻两零件的剖面线不能连成一片,应当方向相反,或者间隙大小不同。但在同一张图样上,同一零件的剖面线方向及间隔大小应当一致。

③对于紧固件以及实心的轴、球、手柄、键销等零件,若剖切平面通过其对称平面或轴线时,则这些零件按不剖绘制。若需要表明零件的凹槽、销孔等结构,可用局部剖表示,如图 10-4 所示。

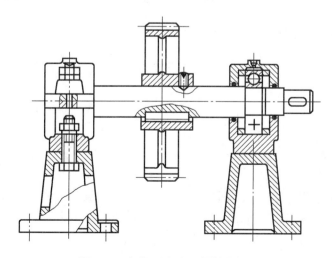

图 10-4　剖视图中实心零件的画法

模块十 装配图

2. 装配图中的特殊画法

（1）拆卸画法与沿结合面剖切法　为了表达装配体上被某一零件挡住的部分，或者某些零件已基本表达清楚，不需再画。可以假想将其拆去再画。在视图上方注明"拆去×
×"。例如图 10-2 的轴承座左视图和俯视图均将油杯拆去。

沿结合面剖切时，结合面不画剖面线，可简化图形，如图 10-2 中俯视图的右半部分。

（2）假想画法　用双点画线画出运动部件的极限位置或者与相邻部件的装配关系，如图 10-5 所示，用双点画线表示运动部件的极限位置。图 10-6 中间的视图用双点画线表示相邻部件。

（3）单独表达某零件的画法　在装配图中可以单独画出某一零件的视图，在视图上方注出该零件的视图名称，在相应视图中标明投影方向，如图 10-6 所示。

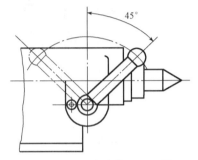

图 10-5　运动件的极限位置

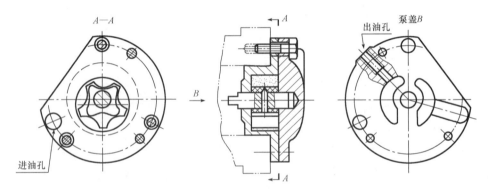

图 10-6　转子泵

3. 装配图中的简化画法

①可用细实线表示带传动中的带，用点画线表示链传动中的链条，如图 10-7 所示。

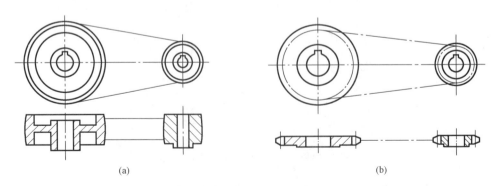

图 10-7　带与链的简化画法

(a)带传动；(b)链传动

②相同结构（如螺栓连接）可以只画一处，其余用细点画线示出中心位置，如图 10-8 所示。

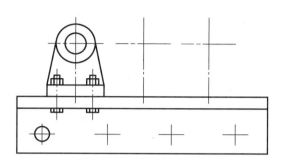

图 10-8　相同结构的简化画法

③零件的工艺结构，如小圆角、小倒角、退刀槽、拔模斜度等可以不画，有些细小结构需要表达，但又不便画出时，可以采用夸大画法。

三、装配图的尺寸标注

一般来讲，装配图中标注的尺寸有性能规格尺寸、装配尺寸、安装尺寸、外形尺寸等。

(1) 性能规格尺寸　如图 10-2 中轴承座的 $\phi50H8$ 为规格尺寸。

(2) 装配尺寸　包括配合尺寸和相对位置尺寸。如图 10-2 中的 $86H9/f9$、$\phi60H8/k7$ 是配合尺寸。图 10-2 中 $\phi50H8$ 孔的中心高 58 为相对位置尺寸。

(3) 安装尺寸　部件安装到机器上或机器安装到地基上所需的尺寸。如图 10-2 中轴承座的螺栓安装孔尺寸 176 和 $2\times\phi20$。

(4) 外形尺寸　包装运输等需要的总长、总宽和总高。

(5) 其他重要尺寸　如轴向设计尺寸，主要零件的结构尺寸，主要定位尺寸，运动件极限位置尺寸等。

四、零部件序号

1. 一般规定

装配图中所有零部件都必须编写序号。规格相同的零部件只编一个序号，且一般只标注一次。

装配图中的序号应与明细栏中的序号一致。

2. 序号的编排方法

(1) 序号的表示法　序号的表示方法有三种，如图 10-9 所示。

①在指引线的水平线（细实线）上或圆圈内注写序号，其字高比该装配图中所注尺寸数字字高大一号或大两号，如图 10-9(a)、图 10-9(b) 所示。

②在指引线附近注写序号，序号字高比该装配图中所注尺寸数字字高大两号，如图 10-9(c) 所示。

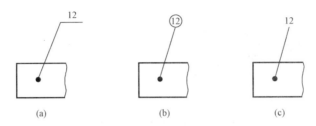

图 10-9 序号表示方法

(2) 指引线　指引线和圆圈均用细实线绘制。

①指引线自所指部分的可见轮廓线内引出，端部为小圆点。若为涂黑薄片，可以用箭头，如图 10-10 所示。

②指引线相互不能交叉。通过剖面线区域时，不应与剖面线平行，也不要画成水平线或垂直线。

③指引线一般是一条直线，必要时可以曲折一次，如图 10-10 所示。

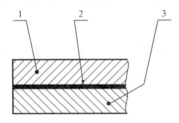

图 10-10 指引线画法

④对于一组紧固件或者装配关系清楚的零件组，可以采用一条公共指引线，如图 10-11 所示。

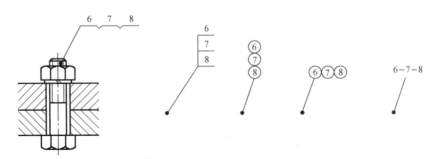

图 10-11 采用公共指引线的序号表示

(3)序号的排列 装配图中序号应沿水平或垂直方向整齐排列在视图周围,并按顺时针或逆时针方向依次填写。当在整个图上无法连续时,也应在每个水平方向或垂直方向顺次排列。

3. 序号的画法

数字写在水平线上方时,先用辅助线在视图周围画出水平线和垂直线,然后画各零、部件的指引线,并画出或者加深相应的横线,最后填写序号。

五、明细栏

由 GB/T 10609.2—1989 规定,如图 10-12 所示,装配图明细栏格式紧接着标题栏上方绘制。位置不够时,再紧挨标题栏左边绘制续栏,续栏不画表头。

明细栏的上边线为细实线,以备添加栏目,序号自下而上填写。

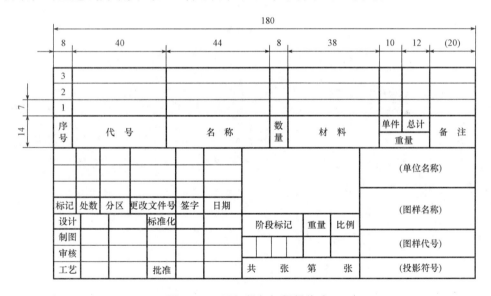

图 10-12 明细栏与标题栏格式

项目二 部件测绘和装配图画法

部件测绘是由部件或机器实物画出其零件图和装配图。现以输油泵中的手动泵为例介绍部件测绘过程。

模块十 装配图

一、了解和分析部件结构

初步了解产品或部件的用途、性能。由外部结构分析工作原理，想象其内部结构。

本例介绍的手动泵是内燃机燃油供给系统中的辅助泵，主要起排除油管中空气的作用，外观结构，如图 10-13 所示。它的主要工作部件是活塞与缸筒，通过手动使活塞在缸筒中运动，从而改变密封工作容积，达到吸、排油（气）的目的。它要求活塞与缸筒有较高的配合精度，这是该部件设计和加工的重点。

图 10-13 手动泵外观图

二、画装配示意图

装配示意图用来记录各零件之间的装配关系。未拆卸之前，先要画出示意图的框架及明细栏，然后边拆边补充完善。图形画完后，每个零件都要编序号，并填写明细栏。本例装配示意图，如图 10-14 所示。

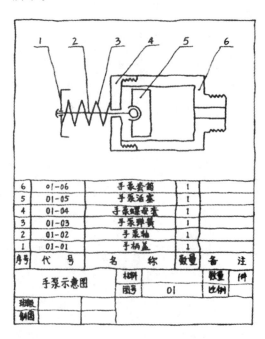

图 10-14 手动泵装配示意图

项目二 部件测绘和装配图画法

三、拆卸零件

拆卸前先测量一些必要尺寸，如总体尺寸，运动件极限位置尺寸，某些相对位置尺寸等。

拆卸过程中要小心谨慎，轻敲试打，并使用合适的工具和方法。过盈配合等不能拆的不要强行拆卸。切忌盲目动手，猛敲乱打，以免损坏。

拆下的零件要分类编号，摆放有序，防止丢失和损坏。

四、画零件草图

零件草图用来记录零件的结构形状和尺寸以及主要技术要求。除标准件外每种零部件都应绘制草图。本例中几个主要零件草图，如图10-15～图10-19所示。

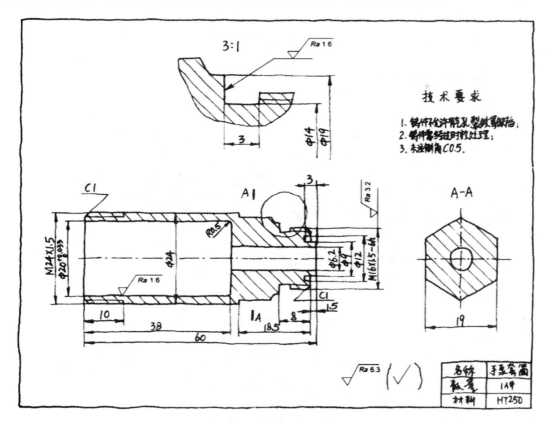

图 10-15 缸筒零件草图

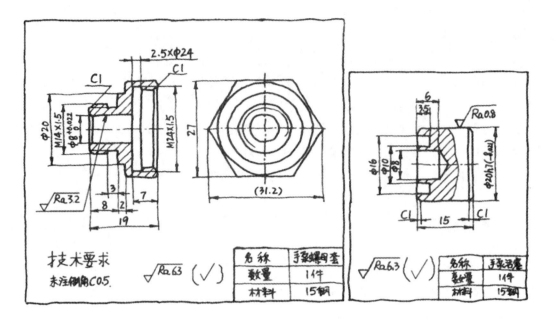

图 10-16 缸盖与活塞零件草图

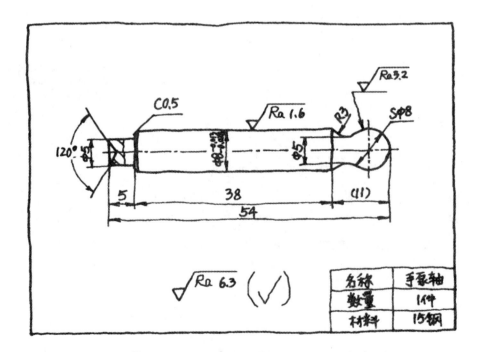

图 10-17 手泵轴的零件草图

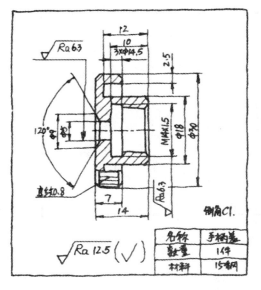

图 10-18 手柄盖零件草图

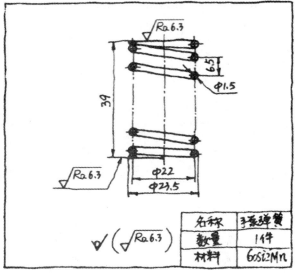

图 10-19 弹簧草图

五、画装配图

1. 装配图的视图选择

主视图一般选择工作位置。投影方向应选最能反映装配关系、传动路线、工作原理及结构形状的一面，或者按操作者面对的方向。一般采用剖视图。

其他视图补充表达主视图未表达清楚的内容，视图数量根据需要确定。可以采用视图、局部视图、剖视图等各种表达方法。

2. 画装配图的步骤

①确定比例、幅面。布置图形，画基准线，如图 10-20 所示。

②找好基准，由内向外，由前向后依次绘出主要零件的轮廓线。例如先画轴，再画轴上其他零件，本例如图 10-21 所示。

③绘制其他零件，如图 10-22 所示。

④修整图形，加深描粗，标注尺寸与技术要求，编排序号，填写明细栏与标题栏，完成后，如图 10-23 所示。

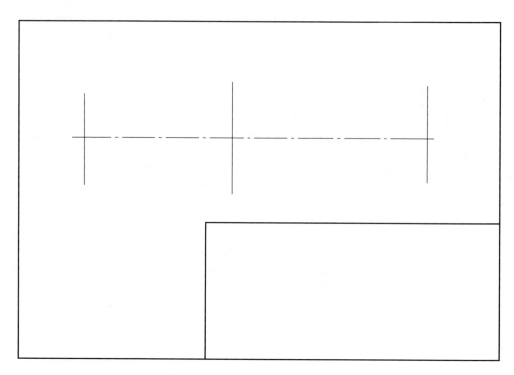

图 10-20　画手动泵装配图步骤(一)

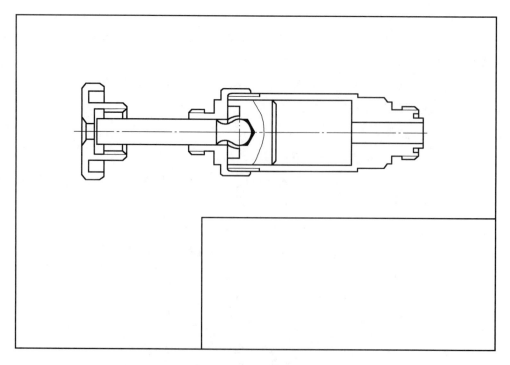

图 10-21　画手动泵装配图步骤(二)

项目二 部件测绘和装配图画法

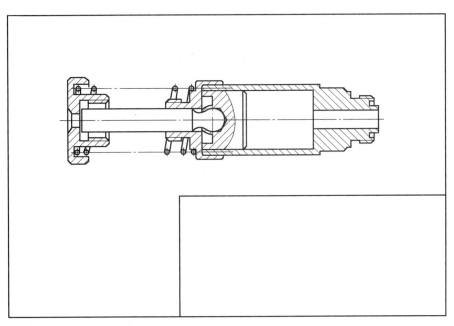

图 10-22 画手动泵装配图步骤(三)

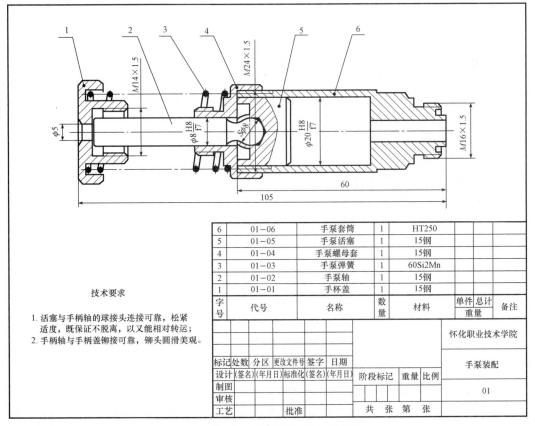

图 10-23 画手动泵装配图步骤(四)

模块十 装配图

项目三 读装配图与拆画零件图

一、读装配图

1. 读图的目的

了解机器或部件的名称、规格、性能、用途及工作原理。了解装配关系，各组成零件的主要结构形状和在装配体中的作用。

2. 读装配图的方法和步骤

(1) 概括了解　看标题栏，从标题栏可了解到装配体名称、比例、数量和大致用途。看明细栏了解各组成件的名称、数量及零件的材料等。

(2) 分析工作原理和装配关系　采用假想运动法，假想拆装法，分析工作原理，传动路线和装配关系。这是看装配图的关键阶段。

(3) 分析视图，看懂零件的结构形状　结合零件图，看懂装配图。可以采用以下一些分析方法：

①利用剖面线的方向和间距不同来区分零件。

②利用规定画法和特征表达方法来分析。例如，利用装配图中丝杠、手柄、螺钉、键销等不画剖面线的规定，能很快将这些零件识别出来。

③利用零件序号对照明细栏来分析。

④分析尺寸和技术要求，抓住重要部位。

例　如图 10-24 所示，读虎钳装配图。

1. 概括了解

从明细栏和图中序号可知，该虎钳是由活动钳身、钳座、底盘、丝杠等 15 种零件组成。它安装在工作台上，钳身可以回旋 360°。该装配图采用了三个基本视图和二个局部视图来表达。

2. 分析工作原理和装配关系

钳座 1 装在底盘 3 上，底盘安装在工作台上，扳动杆 8 旋松螺栓 9 后，钳身可绕底盘转动。

钳身 2 安装在钳座里并可滑动。固定丝母 5 通过燕尾槽固定在钳座上。丝杠 4 可在钳身中转动，但不能轴向移动，轴向移动退出由挡板 6 限制。当扳动杆 13 转动丝杠时，丝杠带动钳身移动夹紧或松开工件。

3. 分析视图，看零件结构

该虎钳采用了三个基本视图，K 向视图为左视图。为了表达内部装配关系，各图采取了局部剖，其中主视图和 K 向视图表达了虎钳的主要装配关系，俯视图主要表示钳座、底

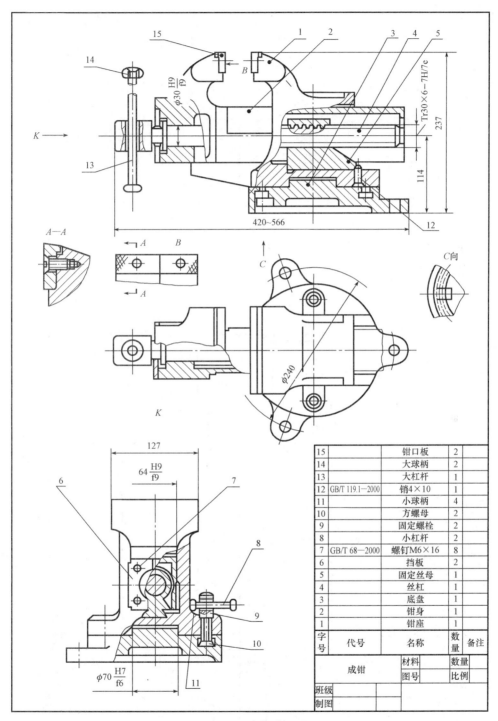

图 10-24 虎钳装配图

盘的外部形状和丝杠的定位情况，B 向视图和 A—A 剖面表示了钳口板 15 的安装情况。

看钳身零件结构：由主视图和 K 向视图可知，钳身是从钳座的方孔中穿过去的，其长度

模块十 装配图

尺寸和高度尺寸可由主视图得知，钳身中间是空的，以便安装丝杠和丝母。钳身与钳口连接部分的形状及宽度，可从主视图和 K 向视图上看出。分析结果，钳身零件图如 10-25 所示。

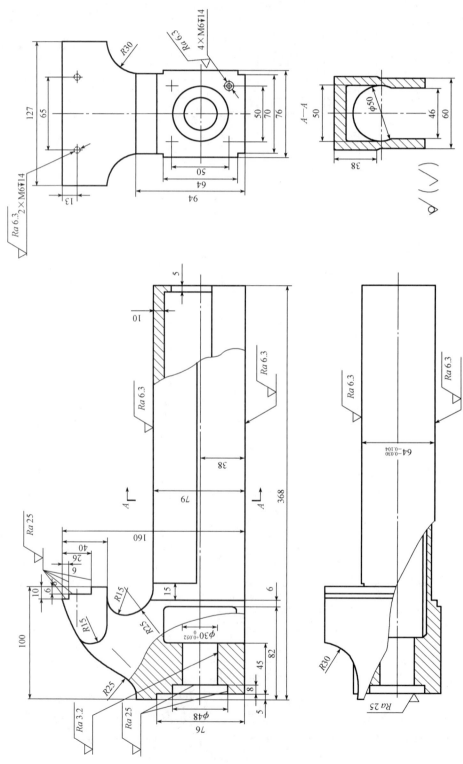

图 10-25 虎钳钳身

项目三　读装配图与拆画零件图

自行识图世界技能大赛数控铣项目试题的擎天柱装配图，如图 10-26 所示。

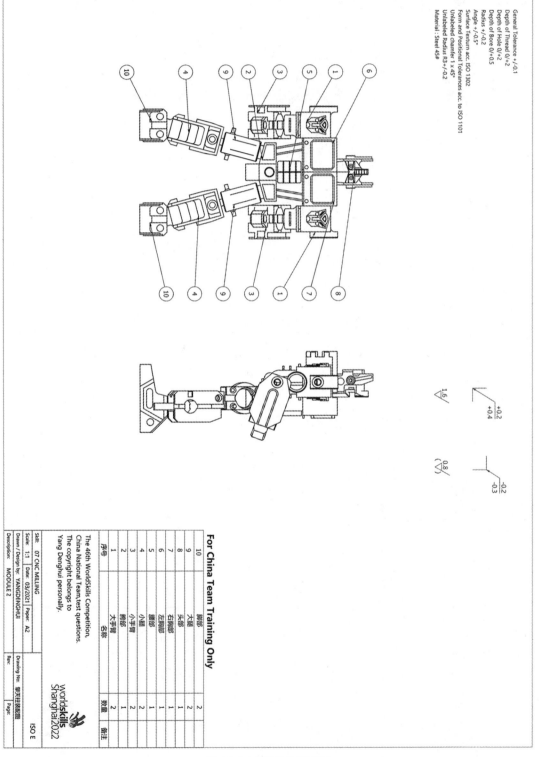

图 10-26　擎天柱装配图

二、由装配图拆画零件图

由装配图拆画零件图有两种情况，一种是在部件测绘工作的最后画零件图。在这种情况下，也不一定完全照抄测量得到的零件草图。由于设计或加工中可能有疏漏，零件结构可能存在不合理的地方。若在绘制装配图的过程中发现了，绘制零件工作图时就应给予修正。

另一种情况是仅仅由装配图画零件图，没有实物作参考。下面针对这种情况，介绍一些拆画的方法步骤。

1. 确定零件形状

看懂装配图，从中将零件轮廓分离出来。例如要从图 10-27 的机用虎钳装配图中拆画活动钳身 4，在主视图和左视图中利用剖面线分离轮廓，俯视图中利用"对线条"的方法分离轮廓。分离出主要轮廓线后，再根据其功用和装配关系以及工艺要求，补充完善其结构形状。

2. 确定表达方案

零件表达方案可以另行确定，不必照搬装配图。如图 10-28 所示的活动钳身的表达方案，就与装配图不一样。当然，如果装配图的表达方案合适，能够一致则更好。

3. 确定零件图的尺寸

①已经在装配图上注出的相关尺寸应完全照抄。配合尺寸一般应加注偏差数值。

②工艺结构和标准结构尺寸应根据有关标准确定。例如活动钳身上的螺孔和退刀槽。

③装配图中未注出的尺寸可从图中测量并适当圆整。

④某些尺寸可以通过计算确定，例如齿轮分度圆尺寸等。

⑤要特别注意配合尺寸以及有装配关系的尺寸（例如连接孔的中心位置尺寸）必须保持一致，互相匹配，不得有误。例如活动钳身 2×M10 的中心距 40，必须和钳口板、固定钳身上的相应尺寸一样。

4. 标注技术要求

根据零件的功能作用，参考有关资料或采用类比法，合理确定表面粗糙度、形位公差、热处理等技术要求。一般说来，有配合要求的表面，应有较高的精度要求，例如 Ra 值应小于 $3.2\mu m$。非配合的一般加工表面，Ra 值小于 $25\mu m$ 即可。形位公差也应与尺寸精度相匹配。

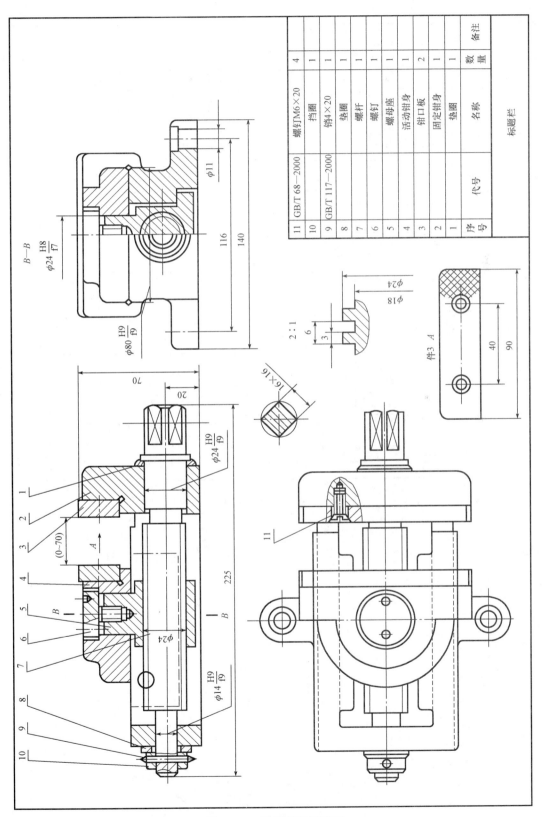

图 10-27　机用虎钳装配图

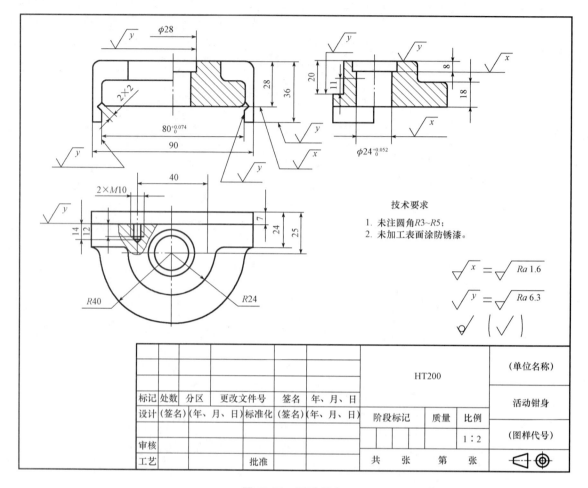

图 10-28　活动钳身

参考文献

[1] 胡胜,向应军,李精明. 汽车机械制图[M]. 北京:机械工业出版社,2019.

[2] 李茗. 汽车机械制图及识图[M]. 北京:化学工业出版社,2019.

[3] 陈秀华,易波. 汽车机械制图[M]. 北京:人民交通出版社,2019.

[4] 黎宴林,徐咏良. 汽车机械制图(第 2 版)[M]. 北京:人民邮电出版社,2017.

[5] 易广建. 汽车机械制图(第二版)[M]. 北京:中国劳动社会保障出版社,2015.

[6] 周乐山. 汽车机械制图[M]. 北京:北京师范大学出版社,2017.

[7] 杨小刚,柴彬堂,曹静. 汽车机械制图[M]. 北京:机械工业出版社,2019.

[8] 马英. 汽车机械制图(第 2 版)M]. 北京:电子工业出版社,2018.

[9] 边辉,张萌. 汽车机械制图[M]. 北京:北京出版社,2014.

[10] 曹静,李亚平. 汽车机械制图[M]. 北京:机械工业出版社,2016.